海上絲綢之路基本文獻叢書

中山傳信録（上）

〔清〕徐葆光 撰

文物出版社

圖書在版編目（CIP）數據

中山傳信録．上／（清）徐葆光撰．-- 北京 ：文物出版社，2022.7
（海上絲綢之路基本文獻叢書）
ISBN 978-7-5010-7584-3

Ⅰ．①中… Ⅱ．①徐… Ⅲ．①地方史－史料－臺灣－清代②疆界－臺灣－清代 Ⅳ．①K295.8

中國版本圖書館 CIP 數據核字（2022）第 097159 號

海上絲綢之路基本文獻叢書

中山傳信録（上）

撰　　者：〔清〕徐葆光
策　　劃：盛世博閲（北京）文化有限責任公司

封面設計：鞏榮彪
責任編輯：劉永海
責任印製：張道奇

出版發行：文物出版社
社　　址：北京市東城區東直門内北小街 2 號樓
郵　　編：100007
網　　址：http://www.wenwu.com
經　　銷：新華書店
印　　刷：北京旺都印務有限公司
開　　本：787mm×1092mm　1/16
印　　張：12.25
版　　次：2022 年 7 月第 1 版
印　　次：2022 年 7 月第 1 次印刷
書　　號：ISBN 978-7-5010-7584-3
定　　價：90.00 圓

總緒

海上絲綢之路，一般意義上是指從秦漢至鴉片戰争前中國與世界進行政治、經濟、文化交流的海上通道，主要分爲經由黄海、東海的海路最終抵達日本列島及朝鮮半島的東海航綫和以徐聞、合浦、廣州、泉州爲起點通往東南亞及印度洋地區的南海航綫。

在中國古代文獻中，最早、最詳細記載『海上絲綢之路』航綫的是東漢班固的《漢書·地理志》，詳細記載了西漢黄門譯長率領應募者入海『齎黄金雜繒而往』之事，書中所出現的地理記載與東南亞地區相關，并與實際的地理狀况基本相符。

東漢後，中國進入魏晉南北朝長達三百多年的分裂割據時期，絲路上的交往也走向低谷。這一時期的絲路交往，以法顯的西行最爲著名。法顯作爲從陸路西行到印度，再由海路回國的第一人，根據親身經歷所寫的《佛國記》（又稱《法顯傳》）一書，詳細介紹了古代中亞和印度、巴基斯坦、斯里蘭卡等地的歷史及風土人情，是瞭解和研究海陸絲綢之路的珍貴歷史資料。

隨着隋唐的統一，中國經濟重心的南移，中國與西方交通以海路爲主，海上絲綢之路進入大發展時期。廣州成爲唐朝最大的海外貿易中心，朝廷設立市舶司，專門管理海外貿易。唐代著名的地理學家賈耽（七三〇～八〇五年）的《皇華四達記》記載了從廣州通往阿拉伯地區的海上交通『廣州通夷道』，詳述了從廣州港出發，經越南、馬來半島、蘇門答臘半島至印度、錫蘭，直至波斯灣沿岸各國的航綫及沿途地區的方位、名稱、島礁、山川、民俗等。譯經大師義净西行求法，將沿途見聞寫成著作《大唐西域求法高僧傳》，詳細記載了海上絲綢之路的發展變化，是我們瞭解絲綢之路不可多得的第一手資料。

宋代的造船技術和航海技術顯著提高，指南針廣泛應用於航海，中國商船的遠航能力大大提升。北宋徐兢的《宣和奉使高麗圖經》詳細記述了船舶製造、海洋地理和往來航綫，是研究宋代海外交通史、中朝友好關係史、中朝經濟文化交流史的重要文獻。南宋趙汝適《諸蕃志》記載，南海有五十三個國家和地區與南宋通商貿易，形成了通往日本、高麗、東南亞、印度、波斯、阿拉伯等地的『海上絲綢之路』。宋代爲了加强商貿往來，於北宋神宗元豐三年（一〇八〇年）頒佈了中國歷史上第一部海洋貿易管理條例《廣州市舶條法》，并稱爲宋代貿易管理的制度範本。

元朝在經濟上採用重商主義政策，鼓勵海外貿易，中國與歐洲的聯繫與交往非常頻繁，其中馬可•波羅、伊本•白圖泰等歐洲旅行家來到中國，留下了大量的旅行記，記録元代海上絲綢之路的盛况。元代的汪大淵兩次出海，撰寫出《島夷志略》一書，記録了二百多個國名和地名，其中不少首次見於中國著録，涉及的地理範圍東至菲律賓群島，西至非洲。這些都反映了元朝時中西經濟文化交流的豐富内容。

明、清政府先後多次實施海禁政策，海上絲綢之路的貿易逐漸衰落。但是從明永樂三年至明宣德八年的二十八年裏，鄭和率船隊七下西洋，先後到達的國家多達三十多個，在進行經貿交流的同時，也極大地促進了中外文化的交流，這些都詳見於《西洋蕃國志》《星槎勝覽》《瀛涯勝覽》等典籍中。

關於海上絲綢之路的文獻記述，除上述官員、學者、求法或傳教高僧以及旅行者的著作外，自《漢書》之後，歷代正史大都列有《地理志》《四夷傳》《西域傳》《外國傳》《蠻夷傳》《屬國傳》等篇章，加上唐宋以來衆多的典制類文獻、地方史志文獻，集中反映了歷代王朝對於周邊部族、政權以及西方世界的認識，都是關於海上絲綢之路的原始史料性文獻。

海上絲綢之路概念的形成，經歷了一個演變的過程。十九世紀七十年代德國地理學家費迪南・馮・李希霍芬（Ferdinad Von Richthofen，一八三三～一九〇五），在其《中國：親身旅行和研究成果》第三卷中首次把輸出中國絲綢的東西陸路稱爲『絲綢之路』。有『歐洲漢學泰斗』之稱的法國漢學家沙畹（Édouard Chavannes，一八六五～一九一八），在其一九〇三年著作的《西突厥史料》中提出『絲路有海陸兩道』，蘊涵了海上絲綢之路最初提法。迄今發現最早正式提出『海上絲綢之路』一詞的是日本考古學家三杉隆敏，他在一九六七年出版《中國瓷器之旅：探索海上的絲綢之路》中首次使用『海上絲綢之路』一詞；一九七九年三杉隆敏又出版了《海上絲綢之路》一書，其立意和出發點局限在東西方之間的陶瓷貿易與交流史。

二十世紀八十年代以來，在海外交通史研究中，『海上絲綢之路』一詞逐漸成爲中外學術界廣泛接受的概念。根據姚楠等人研究，饒宗頤先生是華人中最早提出『海上絲綢之路』的人，他的《海道之絲路與昆侖舶》正式提出『海上絲路』的稱謂。選堂先生評價海上絲綢之路是外交、貿易和文化交流作用的通道。此後，大陸學者馮蔚然在一九七八年編寫的《航運史話》中，使用『海上絲綢之路』一詞，這是迄今學界查到的中國大陸最早使用『海上絲綢之路』的人，更多地限於航海活動領域的考察。一九八〇年北京大學陳炎教授提出『海上絲綢之路』研究，并於一九八一年發表《略論海上絲綢之路》一文。他對海上絲綢之路的理解超越以往，且帶有濃厚的愛國主義思想。陳炎教授之後，從事研究海上絲綢之路的學者越來越多，尤其沿海港口城市向聯合國申請海上絲綢之路非物質文化遺産活動，將海上絲綢之路研究推向新高潮。另外，國家把建設『絲綢之路經濟帶』和『二十一世紀海上絲綢之路』作爲對外發展方針，將這一學術課題提升爲國家願景的高度，使海上絲綢之路形成超越學術進入政經層面的熱潮。

與海上絲綢之路學的萬千氣象相對應，海上絲綢之路文獻的整理工作仍顯滯後，遠遠跟不上突飛猛進的研究進展。二〇一八年厦門大學、中山大學等單位聯合發起『海上絲綢之路文獻集成』專案，尚在醖釀當中。我們不揣淺陋，深入調查，廣泛搜集，將有關海上絲綢之路的原始史料文獻和研究文獻，分爲風俗物産、雜史筆記、海防海事、典章檔案等六個類别，彙編成《海上絲綢之路歷史文化叢書》，於二〇二〇年影印出版。此輯面市以來，深受各大圖書館及相關研究者好評。爲讓更多的讀者親近古籍文獻，我們遴選出前編中的菁華，彙編成《海上絲綢之路基本文獻叢書》，以單行本影印出版，以饗讀者，以期爲讀者展現出一幅幅中外經濟文化交流的精美畫卷，爲海上絲綢之路的研究提供歷史借鑑，爲『二十一世紀海上絲綢之路』倡議構想的實踐做好歷史的詮釋和注脚，從而達到『以史爲鑒』『古爲今用』的目的。

凡例

一、本編注重史料的珍稀性，從《海上絲綢之路歷史文化叢書》中遴選出菁華，擬出版百册單行本。

二、本編所選之文獻，其編纂的年代下限至一九四九年。

三、本編排序無嚴格定式，所選之文獻篇幅以二百餘頁爲宜，以便讀者閱讀使用。

四、本編所選文獻，每種前皆注明版本、著者。

五、本編文獻皆爲影印，原始文本掃描之後經過修復處理，仍存原式，少數文獻由於原始底本欠佳，略有模糊之處，不影響閱讀使用。

六、本編原始底本非一時一地之出版物，原書裝幀、開本多有不同，本書彙編之後，統一爲十六開右翻本。

目録

中山傳信録（上）

中山傳信録（上）

序至卷二

〔清〕徐葆光 撰

清康熙六十年刻本

中山傳信録序

古者輶軒之使必紀土風誌物宜所以重其俗也況於萬里之外蠻夷海島之中乎編修澄齋徐館丈之使琉球也以文章華國以政事經邦而且儀容端偉言辭敏妙真可謂使於四方不辱君命者矣歸而作中山傳信

錄凡若干卷中列中山王圖紀其宴享以志其崇奉中國之誠又為之表其世系度其封疆與其官秩之崇卑廩祿之厚薄又為之定其針路無過用卯針則無流至葉壁山之患終為之圖寫土産卉木動植之物必肖其狀而首則著其揚帆奉使為封

舟圖以見
聖天子威靈呵護出入於千波萬水之中經涉魚龍窟穴雖掀風鼓浪如履平地猗歟壯哉往者族父舟次先生奉使時排日赴宴宴畢即上舩候風令徐君公事畢間與其陪臣搜巗剔壑揮筆賦詩非以是侈其遊眺蓋

将歸而著述以為得之傳聞不如目見者之為真也其國官之尊者曰紫金大夫時為之者即舟次先生前使時所請陪臣子弟入學讀書者也其文辭可觀與之言娓娓有致令之所述皆得之其口與其諸臣所言證之史牒信而有徵稽含之南方草

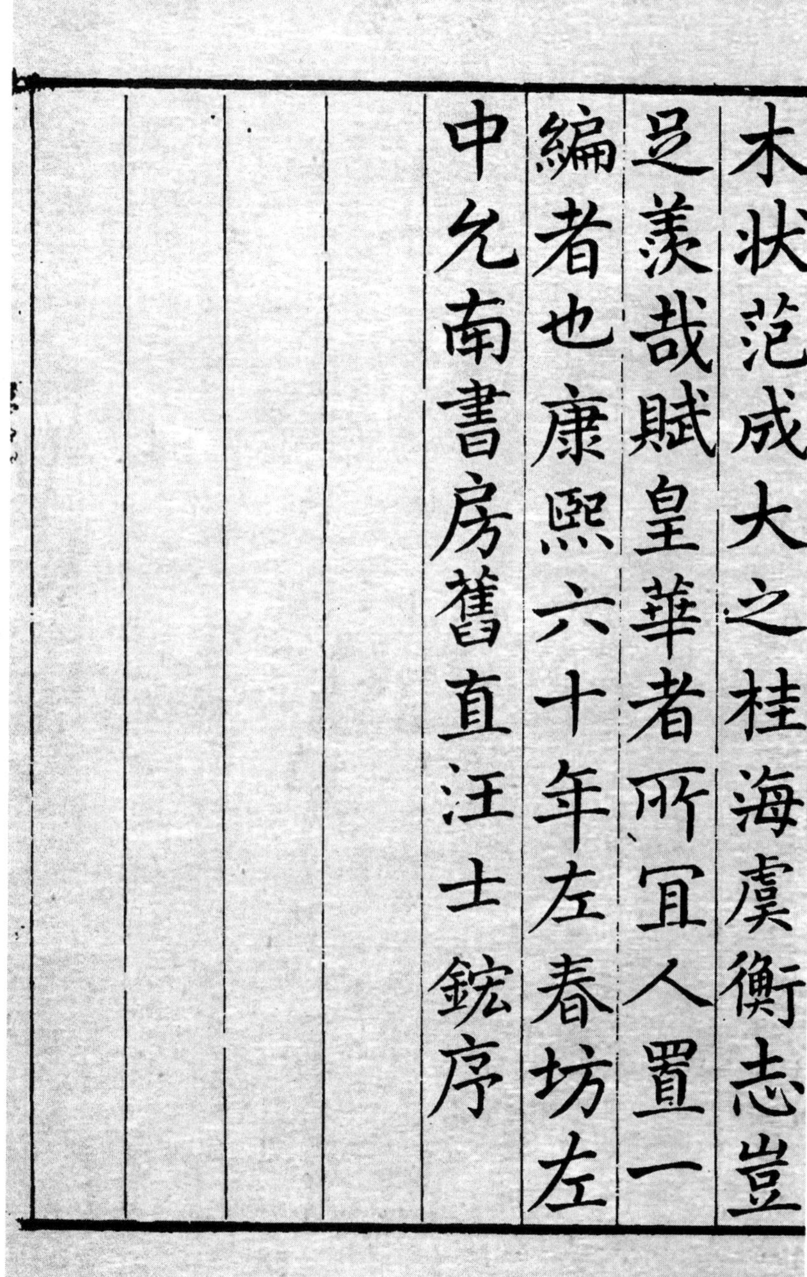

木狀范成大之桂海虞衡志豈足羨哉賦皇華者所宜人置一編者也康熙六十年左春坊左中允南書房舊直汪士鋐序

中山傳信錄序

琉球見自隋書其傳甚畧北史唐書宋元諸史因之正史而外如杜氏通典集事淵海星槎勝覽臝蟲録等書所載山川風俗物產皆多舛漏前明洪武五年中山王察度始通中朝而明一統志成於天順初百年中爲時未久故所載皆仍昔悮幾無一實焉嘉靖甲午陳給事侃奉使始有錄歸上於朝其疏云訪其山川風俗人物之詳且駁羣書之謬以成紀畧質異二卷末載國語國字而今鈔本什存二三矣萬曆中

再遣使蕭崇業夏子陽皆有錄而前後相襲崇禎六年杜三策從客胡靖記尤俚誕　本朝康熙二年兵科張學禮使畧雜錄二卷頗詳於昔二十二年檢討汪楫奉

勅譔中山沿革志二卷雜錄五卷典實遠非前比然於山川轄屬仍有闕畧風俗制度物產等亦俱未備蓋使期促迫搜討倉猝語言文字彼此訛謬是以所聞異詞傳焉寡信茲役也自巳亥六月朔至國候汛踰年至庚子二月十六日始行其在中山凡八閱月封

宴之暇先致語國王求示中山世鑑及山川圖籍又
時與其大夫之通文字譯詞者遍遊山海間遠近形
勢皆在目中考其制度禮儀觀風問俗下至一物異
狀必詢名以得其實見聞互証與之往復去疑存信
因并海行針道封宴諸儀圖狀并列編爲六卷雖未
敢自謂一無舛漏以云傳信或庶幾焉且諸史於外
邦載記大率荒畧今琉球雖隔大海新測晷景與福
州東西相值僅一千七百里世世受封歲歲來貢與
內地無異伏觀

禁廷新刋輿圖朝鮮哈密拉藏屬國等圖皆在焉海外
藩封例得附於其次若仍前誕妄不爲釐正亦何以
見
聖朝風化之遠與外邦内嚮之久以附職方稱甚盛哉
故於載筆時尤兢兢致愼云康熙六十年歲在辛丑
秋八月翰林院編修臣徐葆光謹序

中山傳信錄卷第一

天妃靈應記
諭祭海神文
春秋祀典疏

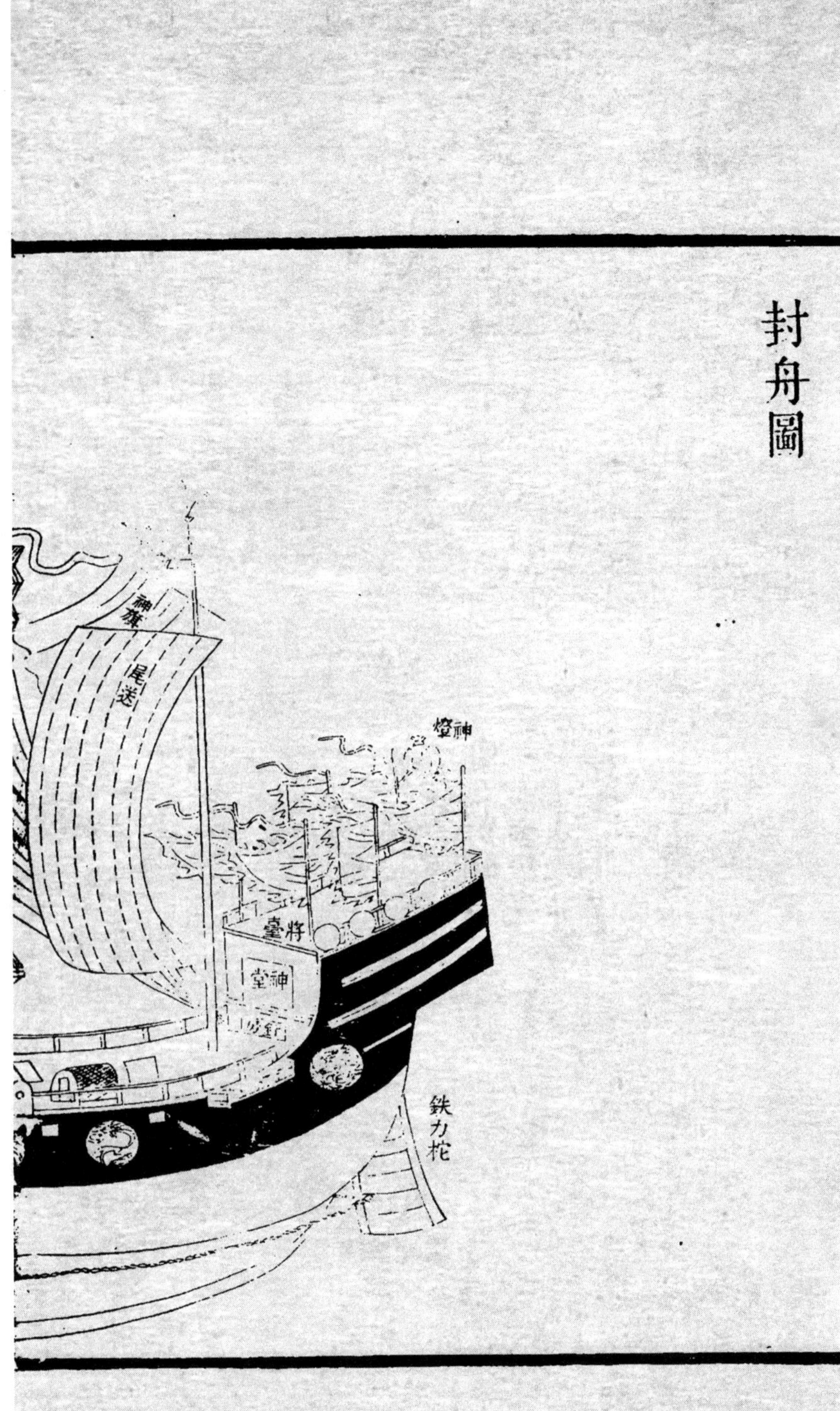
封舟圖
神旗
尾送
神燈
將臺
神堂
鐵力舵

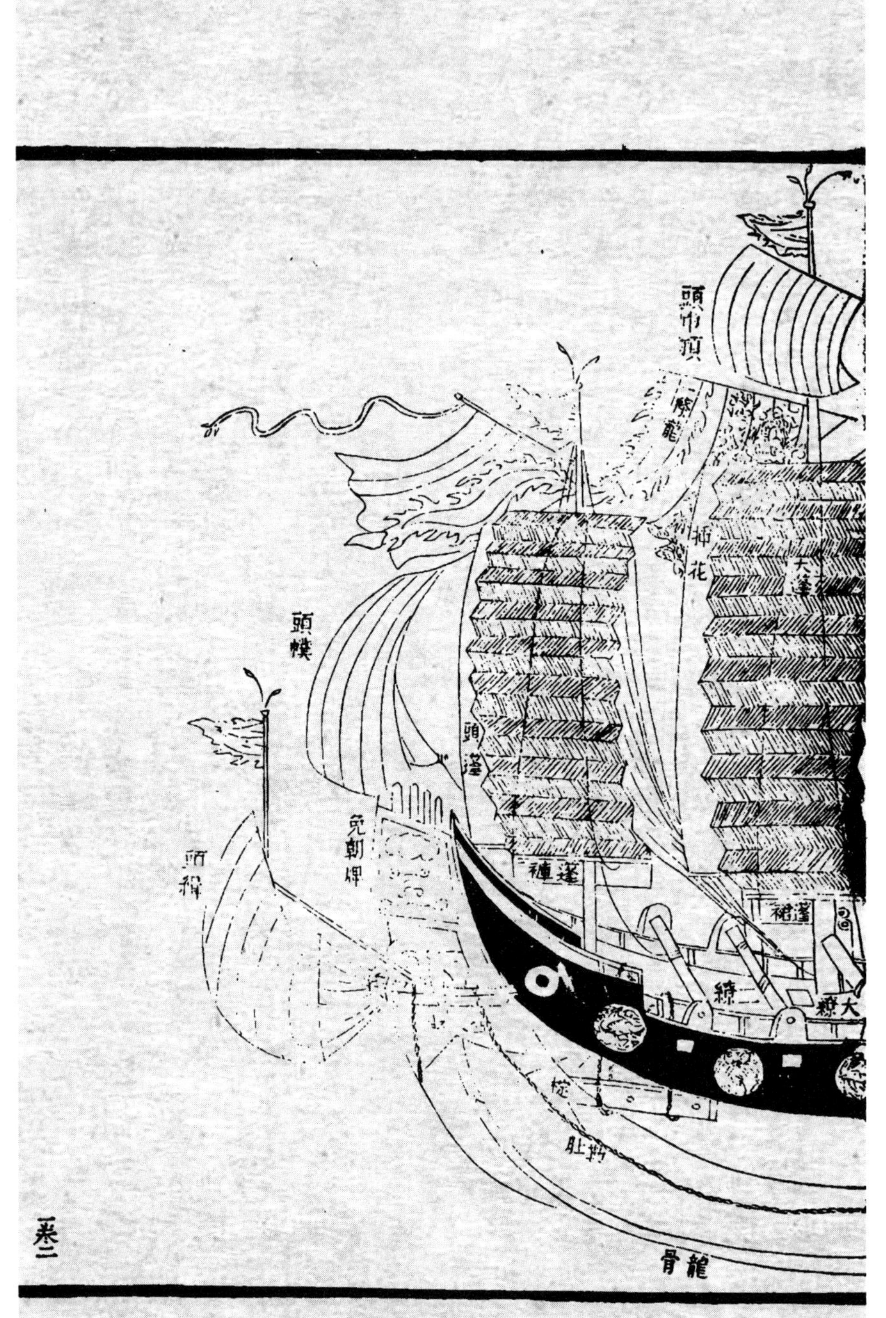

中山傳信錄卷第一

冊封琉球國王副使　賜正一品麟蟒服翰林院編修加二級臣徐葆光纂

封舟

從前冊封以造舟爲重事歷考前冊採木各路騷動夫役開廠監造縻費官帑奸吏假手爲獘無窮經時累歲其事始舉自前明以至

本朝冊封之始其煩費遲久前後一轍也康熙二十一年使臣汪楫林麟焻卽取現有二戰艦充之前獘始絶至今三十餘年區宇昇平海濱利涉沿海縣鎭巨

船多有

冊封命下臣等未到閩前督臣滿保移檄各鎮選大船

充用臻為修葺諸具咸備二船取自浙江寧波府屬

皆民間商船較往時封舟大小相埒而費輕辦速前

此未有也按宋徐兢奉使高麗神舟二皆勅賜名字客舟六共八舟明封舟或一或二今二舟

一號船使臣共居之二號船載兵役一號船前後四

艙每艙上下三層下一層塡壓載巨石安頓什物中

一層使臣居之兩旁名曰麻力截為兩層左右八間

以居從役艙口梯兩折始下艙中寬六尺許可橫一

牀高八九尺上穴艙面爲天窻井方三尺許以通明雨卽掩之晝黑如夜艙面空其右以行船左邊置爐竈數具板閣跨舷外一二尺許前後圈篷作小屋一二所日番居以避艙中暑熱水艙水櫃設人主之置籤給水人日一甌船尾虛梢爲將臺立旗纛設籐牌弓箭兵役吹手居其上將臺下爲神堂供天妃諸水神下爲柁樓樓前小艙布針盤䕶長柁工及接封使臣主針者居之船兩旁大小炮門十二分列左右軍器稱是蓆篷布篷九道艙面橫大木三道設軸轉繚

以上下之船戸以下共二十二人各有專掌其中最
趫捷者名鴉班正副二人登檣瞭望上下如飛兵丁
皆習行船事每船百人爲之佐一號船千總督之二
號船守備督之
一號船長十丈寛二丈八尺深一丈五尺前明封舟連尾虛梢
長十七丈寛三丈一尺六寸深一丈三尺三寸嘉靖
中正使陳侃副使高澄等題請定式　嘉靖三十八
年封舟依舊式造長帶虛梢一十五丈寛二丈九尺
七寸深一丈四尺　萬曆七年造封舟帶虛稍一十
四丈寛二丈九尺深一丈四尺　崇禎六年冊使杜
三策從客胡靖記錄封舟長二十丈廣六丈　本
朝康熙二年張學禮記形如梭子長十八丈寛二丈
二尺深二丈三尺　康熙二十二年汪楫記選二鳥

船充用船長一十五丈有奇寬二丈六尺按海防冊云烽火營鳥船一隻長一十二丈三尺寬二丈五尺閩安中營鳥船一隻長一十二丈二尺寬二丈六尺五寸前後四艙水艙四水櫃

四水桶十二共受水七百石

柁長二丈五尺五寸寬七尺九寸西洋造法名夾板

柁不用勒肚柁以鐵力木爲之名曰鹽柁漬海水中愈堅前明封舟定製鐵力木柁三門每門長三丈五尺有大纜繫之由船底兜至船頭謂之勒肚以櫆藤爲之今二封舟皆取商船充用二號製如鳥船式用勒肚二條一號船係西洋夾板肚不用勒肚又不置副柁將出海時與閩中有司爭置副柁本船夥長林某云船柁西洋造法最堅穩可無用副且柁重萬觔船中亦無處置之竟不置副柁與前小異云

大桅長九丈二尺圍九尺

頭桅長七丈二尺圍七尺

櫓二長四丈寬二尺三寸

椗大小各二大者長二丈七尺小者長二丈四尺皆寛八寸及七寸形如个字皆以鐵力木爲之椗上棕索二條長一百托圍一尺五寸 按字書碇錨舟石也與矴同無椗字今以木爲之故俗字從木

大桅蓆篷寬五丈二尺長五丈三尺轆轤索三條長三十五托圍一尺二寸

繚母索二條長一十五托圍一尺五寸

頭桅蓆篷寬二丈二尺長二丈八尺

大桅頂篷名頭巾頂惟官船始用之商船不得用長五丈四尺寬五丈徐兢録云大檣之巔加小帆十幅謂之野狐䑺殆即頭巾頂也

大桅下布篷名篷裙長六尺寬一丈五尺

頭桅上布篷名頭幞上尖下方三角形長三丈下濶二丈八尺

插花布篷長四丈八尺寬三丈四尺

插花下布篷名插花褌長六尺寬一丈五尺

頭緝布篷長四丈五尺寬二丈五尺

尾送布篷長四丈寬二丈七尺

共篷九道

二號船長十一丈八尺寬二丈五尺深一丈二尺

前後共二十三艙水艙二水櫃四水桶十二受水六

百石

柁長三丈四尺寬七尺制同鳥船柁用勒肚二條長

十五丈從尾左右夾水兜至頭上

大桅長八丈五尺圍八尺五寸

頭桅長六丈五尺圍六尺

櫓四長四丈寬二尺二寸

椗大小三具

大桅蓆篷長五丈七尺寬五丈六尺

頭桅蓆篷長五丈七尺寬五丈六尺

大桅頭巾頂布篷長五丈寬四丈八尺

大桅下布篷裙長六尺寬一丈六尺

揷花布篷長四丈八尺寬三丈二尺

揷花褲布篷長五丈寬一丈三尺

頭緝布篷長四丈寬二丈四尺
尾送布篷長三丈六尺寬二丈五尺
共篷八道少頭幞布篷一道
每船船戸以下二十二人
正夥長主針盤羅經事副夥長經理針房兼主水鉤
長綆三條候水淺深
正副舵工二人主柁二號船上兼管勒肚二條
正副椗二人主椗四門行船時主頭緝布篷
正副鴉班二人主頭巾頂帆大桅上一條龍旗及大

旗

正副杉板工二人主杉板小船行船時主清風大旗

及頭帆

正副繚手二人主大帆及尾送布帆繚母棕繚木索

等物

正副值庫二人主大帆插花天妃大神旗又主裝載

押工一人主修理槓椇及行船時大桅千觔墜一條

香公一人主天妃諸水神座前油燈早晚洋中獻紙

及大帆尾繚

頭阡一人主大桅繂索大椗索盤絞索大艪車繩

二阡二人主大桅繂索副椗索盤絞索大艪車繩

三阡一人主大桅繂索三椗索盤絞索車子數根

正副總舖二人主鍋飯柴米事

渡海兵役

正使家人二十名副使家人十五名外海防廳送使

副共書辦二名巡捕二名長班四名門子二名皂隸

八名健步四名轎傘夫二十名引禮通事二員鄭任譯馮

西熊護送守備一員海壇鎮左營守備蔡添畧千總一員蔡勇官兵二

百名閩安鎭烽火營海壇鎭左右中三營各四十名內科醫生一人外科醫生一人道士三名老排一名吹鼓手八名厨子四名艦匠二名艌匠四名風帆匠二名索匠二名鐵匠二名裁縫二名糊紙匠二名裱褙匠一名糕餅匠一名待詔一名凡兵役隨身行李貨物毎人限帶百觔按歷來封舟過海兵役等皆有壓鈔貨物帶往市易舊例萬曆七年巳卯冊使長樂謝行人杰有日東交市記後有恤役一條言自洪武間許過海五百人行李各百觔與琉人貿易著爲條令甲午之役得萬金五百人各二十金多者三四十金少者亦得十金八金辛酉之役僅六千金五百人各得十二金多者二十金少者五六金稍失所望是以巳卯招募僅得中材應役不能如前之精工也所獲僅三千餘金人各八金多者十五六金少者三四金大失所望

至捐廪助之始得全體而歸蓋甲午之役番船轉販者無慮十餘國其利既多故我衆所獲亦豐辛酉之役番船轉販者僅三四國其利既少故我衆所獲亦減巳卯之役通番禁弛番船不至其利頓絕故我衆所獲至少勢使然也今康熙二十二年癸亥之役是時海禁方嚴中國貨物外邦爭欲購致琉球相近諸島如薩摩洲土噶喇七島等處皆聞風來集其貨易售閩人沿說至今故充役者衆昇平日久琉球歲來貿易中國貨物外邦多有此番封舟到後土噶喇等番船無一至者本國素貧乏貨多不售人役並困法當禁絕商賈利徒之營求充役者損從減裝一可以紓小邦物力之艱一可以絕衆役覬覦之想庶幾兩利俱全矣乎

更 定更法

海中船行里數皆以更計或云百里爲一更或云六十里爲一更或云分晝夜爲十更今問海船夥長皆云六十里之說爲近

舊録云以木柹從船頭投海中人疾趨至梢人柹同至謂之合更人行先於柹爲不及更人行後於柹爲過更今西洋船用玻璃漏定更簡而易曉細口大腹玻璃瓶兩枚一枚盛沙滿之兩口上下對合通一線以過沙懸針盤上沙過盡爲一漏卽倒轉懸之計一晝一夜約二十四漏每更船六十里約二漏半有零人行先木柹爲不及更者風慢船行緩雖及漏刻尚無六十里爲不及更也人行後於柹爲過更者風疾船行速當及漏刻已踰六十里爲過更也

針路

琉球在海中本與浙閩地勢東西相值但其中平衍無山船行海中全以山爲準福州往琉球出五虎門必取雞籠彭家等山諸山皆偏在南故夏至乘西南風叅用辰巽等針袤繞南行以漸折而正東琉球歸福州出姑米山必取溫州南杞山山偏在西北故冬至乘東北風叅用乾戌等針袤繞北行以漸折而正西雖彼此地勢東西相值不能純用卯酉針徑直相往來者皆以山爲準且行船必貴占上風故也

指南廣義云福州往琉球由閩安鎮出五虎門東沙外開洋用單（或作乙）辰針十更取雞籠頭（見山卽從山北邊過船以下諸山皆同）花瓶嶼彭家山用乙卯並單卯針十更取釣魚臺用單卯針四更取黃尾嶼用甲寅（或作卯）針十（或作一）更取赤尾嶼用乙卯針六更取姑米山（琉球西南方界上鎮山）用單卯針取馬齒甲卯及甲寅針收入琉球那霸港

福州五虎門至琉球姑米山共四十更船

琉球歸福州由那霸港用申針放洋辛酉針一更半

見姑米山並姑巴甚麻山辛酉針四更辛戌針十二更乾戌針四更單申針五更辛酉針十六更見南杞山屬浙江溫州坤未針三更取臺山丁未針三更取里麻山一名霜山單申針三更收入福州定海所進閩安鎮

琉球姑米山至福州定海所共五十更船

前海行日記

閩有司既治封舟畢工泊于太平港羅星塔五月十日壬午賫

詔勑至南臺以小舟至泊船所十五日祭江取水蠲吉

于二十日壬辰奉
詔勅升舟連日夜風皆從東北來是日轉西南遂于未
初起椗至怡山院
諭祭於海神
二十一日癸巳日出西南風日中至管頭出金牌門
日入未過黄蝦鼻下椗
二十二日甲午日出丁未風過梅花頭日中丁風帶
午乘潮出五虎門放洋過官塘尾日入至進士門夜
至九漏轉丁未風接封陪臣正議大夫陳其湘奉其

國夥長主針用乙辰針三更半
二十三日乙未日出見東湧在船後約離一更半許
丁未風用乙卯針二更約離官塘八更半許
二十四日丙申日出丁午風仍用乙卯針日未中過
米糠洋海水碧徹如靛細黃沙如見羣魚拜水日將涎沫連亘水面如米糠
入有大鳥二來集于檣是夜風益利用乙卯針四更
共計十三更半當見雞籠山花瓶棉花等嶼及彭家
山皆不見夜用乙卯針四更半共十七更船東北下
一更半許

二十五日丁酉日出丁未風輕用單乙針二更乙卯針一更半夜至四漏轉正南風用單乙針一更半共計二十一更

二十六日戊戌日出正南風日未中轉丁午逾時丁未風微起用單乙針一更日中風靜縋水無底晚晡轉丙午風用乙卯針風靜船停不上更日入風微起至四漏轉丁午風用乙卯一更至八漏又用單卯二更至天明

二十七日巳亥日出丁午風日未中風靜船停有大

沙魚二見于船左右日入丁午風起至二漏轉丁風用乙辰針二更半天將明應見釣魚臺黃尾赤尾等嶼皆不見共用卯針二十七更半船東北下六更許

二十八日庚子不用接封陪臣主張卯針本船夥長林某改用乙辰針日未中丁未風行二更半鴉班上檣見山一點在乙位約去四更餘水面小黑魚點點接封陪臣云此出姑米山所見或是姑米而未能定日入風轉丁午用辰巽針二更

二十九日辛丑日出見東北小山六點陪臣云此非

姑米乃葉壁山也在國西北始悟用卯針太多船東北下若非西北風不能提舟上行至那覇收港也日中禱于神忽轉坤申庚風一時又轉子癸陪臣大喜乃迴針東南行指一小山云此名讀谷山由此迤轉即入港日入轉丑艮風大熾用丙巳針又用丙午單卯針先是四五日前未見山舟浮不動水艙將竭衆頗惑禱于神珓示曰二十八日見山初一日到港至是六月朔壬寅日未出遂入港行海中凡七晝八夜云二號船先到海口候一號船至相次入港針簿別錄亦落北見葉壁山始回也

臣葆光按琉球針路其大夫所主者皆本于指南廣義其失在用卯針太多每有落北之患前使汪楫記云封舟多有飄過山北已復引回稽諸使録十人而九明嘉靖十一年陳侃記舟至葉壁山小舟四十牽挽八日始至那覇　嘉靖三十七年郭汝霖記已至姑米山頭目云得一日夜之力即未遽登岸可保不下葉壁山矣可見下葉壁即琉人亦以爲戒　萬曆四年蕭崇業記六月初一日過葉壁山薄山下由此陸路至國兩日程挽舟初五日始泊那覇　康熙二年張學禮記舟抵琉球北山與日本交界北風引舟南行始達那覇封舟不至落北者惟前明冊使夏子陽及　本朝汪楫二人考夏録則云梅花所開洋過白犬嶼

又取東沙嶼丁上風用辰巽針八更船取小琉球
山未上風乙卯針二更取雞籠申酉上風用甲卯
針四更船取彭家山亥上風用乙卯針三更船未
上風用乙卯針三更船取花瓶嶼丁未上風用乙
卯針四更船取釣魚嶼丙午上風用乙卯針四更
船取黃尾嶼丙上風用乙卯針七更船丁上風用
辰巽針一更取姑米山又辰巽針六更船取土那
奇翁居里二山今譯爲度那奇安根呢山二山在馬齒山之西又辰巽一
更取馬齒山到港汪錄則云本錄不載見洋船針簿內乙辰八

更取雞籠頭用辰多辰巽三更取梅花嶼單卯十更取釣魚臺北邊過乙辰四更取黃尾嶼得力在此四更船身提上巳見黃尾嶼下用甲卯針取姑米定是正西風利故也甲卯十更取姑米山乙卯七更取馬齒山甲寅并甲卯取那覇港蓋自雞籠山東行釣魚嶼赤尾嶼以至姑米山諸山皆在南借爲標準俱從山北邊過船見山則針正應見不見則針巳下漸東北行必至見葉壁山矣要其病皆由于用卯針太多又不能相風用針夫西南風固皆爲順而或自午或自丁或自未與

坤者方位又各不同今指南廣義所錄則專言針混言風又多用卯針故往往落北不見姑米而見葉壁也後人或不見山不可信接封者主張卯針當深翫夏汪二錄酌風忝用辰巽等針將船身提上則保不下葉壁矣

後海行日記

二月十六日癸丑巳刻封舟自琉球那霸開洋用小船百餘引出港口琉球官民夾岸送者數千人小船豎旗夾船左右送者數百槳是日晴明南風送颿用

乾亥針一更半單乾針四更過馬齒安根呢度那奇
等山海水滄黑色日入見姑米山二點離二更半許
夜轉丁未西南風十三漏轉坤未風用乾戌三更半
風有力頭巾頂索連斷三次
十七日甲寅日出龍二見于船左右水沸立二三丈
轉西北風用單子針一更日入至十四漏轉坤未風
用乾戌一更夜見月至明
十八日乙卯日出用單乾乾戌四更日入至十四漏
西南風有力用乾戌四更半夜見月至明

十九日丙辰日出轉辛酉西風帶南風不定用單庚
一更日中轉壬子癸風用單酉針至日入轉子癸又
轉丑癸用單戌三更半夜見月至明
二十日丁巳日出轉艮寅東北順風日中轉甲卯用
辛戌四更日入轉乙辰風大雨船共行二十六更半
是日海水見綠色夜過溝祭海神轉巽巳風用辛酉
三更半至明
二十一日戊午日出大霧正南風轉西南又轉西北
風不定船行緩不上更縋水四十八托有鳥來集于

檣轉子癸風至十三漏轉東北大順風用庚申二更

至明

二十二日巳未日出東北風晴大寒用庚酉申四更半日入有燕二來集檣上至十一漏轉乙卯風縋水四十托用庚酉一更夜雨大霧

二十三日庚申日出霧大雨無風縋水三十二托日晡壬亥風起日入轉壬子風夜雨大寒用庚酉二更未明見山離一更遠許

二十四日辛酉日出用單申一更至魚山及鳳尾山

二山皆屬台州封舟回閩針路本取溫州南杞山此
二山又在南杞北五百里船身太開北行離南杞八
更遠許日晡轉北風用丁未針三更日入舟至鳳尾
山風止下椗
二十五日壬戌無風舟泊鳳尾山夜雨有數小船來
伺警至明
二十六日癸亥日出東北風起椗行大雷雨有旋風
轉篷日晡轉壬亥風用單未坤未三更日入風微用
單未一更見南杞離一更許

二十七日甲子日出晴見盤山至溫州東北順風用
坤申庚四更緂水十四托離北關一更許日入用坤
申庚一更至臺山下椗夜十八漏又起椗至明見南
北關二號船先一日過南關
二十八日乙丑東北風無力船泊七星山緂水九托
夜至五漏颶作椗走用乙辰針行七漏加副椗泊船
二十九日丙寅日出至霜山東北風用申庚酉針日
晡與二號船齊至定海所琉球謝
恩船先一日到相次泊

三十日丁卯東北風乘潮三船雁次進五虎門日中至怡山院

諭祭于海神行海中凡十四晝夜云

臣葆光按冊封之役有記錄者自前明嘉靖中陳侃始至康熙二十一年汪楫等凡七次封舟囘閩折桅漂舵危險備至披閱之次每爲動心今奉

皇上威靈海神效順踰年行役幸避冬汛之危半月漂浮絕少過船之浪桅舵無副竟免摧傷偶有風暴隨禱立止上下數百人安行而囘遠勝疇昔額手

慶幸胥戴

皇恩至于顛仆嘔逆小小困頓海舶之常何足云也

歷次封舟渡海日期

嘉靖十三年甲午陳侃使錄海行十八日至琉球五月初八日出海二十五日至那霸港七日回福州九月二十日出那霸二十八日至定海所

嘉靖四十一年壬戌郭汝霖使錄海行十一日至琉球五月二十二日出海閏五月初九日至那霸港十一日回福州十月十八日出那霸二十九日至五虎門

萬曆八年庚辰蕭崇業使錄海行十四日至琉球五月

二十二日出海六月初五日至那霸九日囘福州十月二十四日出海十一月初二日到定海所

萬曆三十三年乙巳夏子陽使錄八日至琉球五月二十四日出海六月初一日至那霸十一日囘福州十月二十一日出海十一月初一日到五虎門

崇禎六年癸酉杜三策從客胡靖錄九日至琉球六月初四日出海八日過十一日囘福州十一月初九日出海姑米山十一日囘福州十九日到五虎門

康熙二年癸卯張學禮使錄十九日至琉球六月初七日出海二十五日到那霸十一日囘福州十一月十四出海二十四日至五虎門

康熙二十二年癸亥汪楫使錄三日至琉球六月二十三日出海二十六日到那霸十一月二十四日出海十一日回福州十二月初四日至定海所

臣葆光按封舟以夏至後乘西南風往琉球以冬至後乘東北風回福州此言其概也南風和緩北風凛冽故歸程尤難非但内外水勢有順逆也嘉萬封舟回閩率先冬至在九十月中朔風猶未勁歸帆最宜十一月十二月冬至前後則風勢日勁淚必從船上過矣若正月則風颶最多且應期不

奕萬無行舟之理二月中則多霧龍出海矣然春風和緩兹役親驗之浪無從船上過者殆遠勝於冬至前後也海船老夥長言十月二十日後東風送順爲吉葆光在琉球無日不占風所向歷考數月内風自東來不間斷者惟十月二十日後十一月初五日前半月中爲然因考陳侃以來惟蕭崇業之歸閩較爲安吉其出海日期乃十月二十四日爲不誣也附此以告後來者

風信

清明後地氣自南而北則南風爲常霜降後地氣自北而南則北風爲常若反其常則颱颶將作　風大而烈者爲颶又甚者爲颱颶常驟發颱則有漸颶或瞬發倏止颱則連日夜或數日不止大約正二三四月爲颶五六七八月爲颱九月則北風初烈或至連月俗稱九降風間或有颱則驟至如春颱船在洋中遇颶猶可爲遇颱不可當矣　十月以後北風常作然颱颶無定期舟人視風隙以往來五六七八月應屬南風颱將發則北風先至轉而東南又轉而南又

轉而西南　颱颶始至多帶雨九降風則無雨　五六七月間風雨俱至舟人視天色有點黑則收帆嚴舵以待之瞬息間風雨驟至隨刻卽止若豫備少遲則收帆不及或至傾覆　天邊有斷虹亦颱將至雲片如帆者曰破帆稍及半天如鱟尾者曰屈鱟出北方者甚於他方　海水驟變水面多穢如米糠海蛇浮遊水面亦颱將至

風暴日期

正月初四日接神颶　初九日玉皇颶此日有颶後颶皆驗否則後亦多不驗者

十三日關帝颶二十九日烏颶又龍神會又正月初三日初八日十一日二十五日月晦日皆龍會日主風二月初二日白鬚颶初七日春明暴二十一日觀音暴二十九日龍神朝上帝又二月初三日初九日十二日皆龍神朝上帝之日三月初三日上帝颶又名眞武暴初七日閻王暴十五日眞人颶又名眞君暴二十三日天妃誕媽祖颶眞人颶多風媽祖颶多雨二十八日諸神朝上帝

又三月初三日初七日二十七日皆龍神朝星辰之日

四月初一日白龍暴初八日佛子颶又名太子暴二十三日大保暴二十五日龍神大白暴

又四月初八日十二日十七日皆龍會太白之日

五月初五日係大颶名屈原颶十三日關帝颶二十一日龍母暴

又五月初五日十一日二十九日皆天帝龍王朝玉皇之日

六月十二日彭祖颶十八日彭祖婆颶二十四日雷公誕此暴最准名

爲洗炊籠颶自十二日起至二十四日止皆係大颶之旬

又六月初九日二十七日皆地神龍王朝玉皇之日

七月初八日神煞交會十五日鬼颶

又七月初七日初九日十五日二十七日皆神煞交會之日

八月初一日竈君颶初五日係大颶旬十四日伽藍暴十五日魁星颶二十一日龍神大會

又八月初三日初八日二十七日皆龍王大會之

日

九月初九日重陽暴十六日張良颶十九日觀音颶二十七

日冷風暴

又九月十一日十五日十九日皆龍神朝玉帝之

日

十月初五日風信暴初十日水仙王颶二十日東嶽朝天二十六

日翁爹颶

又十月初八日十五日二十七日皆東府君朝玉

皇之日

十一月十四日水仙暴　二十七日普安颶　二十九日西嶽朝天
十二月二十四日送神颶又名掃塵風
凡遇風暴日期不在本日則在前後三日之中又箕壁翼軫四宿亦主起風皆當謹避之
風信考以下至此皆指南廣義所載或採禁忌方書或出海師柁工所記其語不盡雅馴而參攷多驗今附此以告後來者

天妃靈應圖

天妃靈應記

天妃莆田湄洲嶼林氏女也（張學禮記云天妃蔡氏女猴嶼人非是）父名愿（字曰惟慤母王氏一云林孚第六女）宋初官都巡檢妃生而神靈少與群女照井有神捧銅符出以授妃群女奔駭自是屢著神異常乘片蓆渡海人咸稱爲通賢靈女一日方織忽據機瞑坐顏色變異母蹴起問之寤而泣曰父無恙兄歿矣有頃信至父與兄渡海舟覆若有挾之者父得不溺兄以柁摧遂墮海死雍熙四年昇化于湄州嶼（張學禮記云救父投海身亡非是一云妃生于建隆元年庚申三月二十三日

一云妃生於哲宗元祐八年一云生于甲申之歲按妃于宋太宗雍熙四年九月初九日昇化室處二十八歲則當以建隆元年一説爲是生彌月不啼名曰默 時顯靈應或示夢或示神燈海舟獲庇無數士人相率祀之宋徽宗宣和五年給事中路允廸使高麗八舟溺其七獨允廸舟見神朱衣坐桅上遂安歸聞于朝賜廟額曰順濟高宗紹興二十六年始封靈惠夫人賜廟額曰靈應三十年海寇至江口神見風濤中寇潰就獲泉州上其事封靈惠昭應夫人孝宗乾道二年興化疫神降于白湖去潮丈許得甘泉飲者立愈又海寇至霧迷其道

至廟前就擒封靈惠昭應崇福夫人淳熙十一年助
巡檢姜特立捕溫台寇封靈惠昭應崇福善利夫人汪録作靈慈昭應崇善福利夫人靈慈乃廟號凡封皆原靈惠始封之號當作靈惠崇福先封後加善利二字乃言爲善人利之意以上封夫人凡四封光宗紹熙三年以救疫旱功
特封靈惠妃寧宗慶元四年以救潦封靈惠助順妃
嘉定元年平大奚寇以霧助擒賊金人犯淮甸戰花
靨鎮神助戰及戰紫金山又見神像再捷三戰遂解
合肥之圍封靈惠助順顯衛妃嘉定十年救旱獲海
寇加靈惠助順顯衛英烈妃嘉熙三年錢塘潮決至

艮山祠若有限而退封靈惠助順嘉應英烈妃寶祐二年救旱封助順嘉應英烈協正妃三年又封靈惠助順嘉應慈濟妃四年封靈惠協正嘉應慈濟妃是歲浙江隄成封靈惠協正嘉應善慶妃五年教授王里請于朝封妃父積慶侯母顯慶夫人女兄以及神佐皆有錫命景定三年反風膠海寇舟就擒封靈惠顯濟嘉應善慶妃宋封夫人四加封妃十凡十四封元世祖至元十八年以海運得神佑封護國明著天妃封天妃之始又進顯佑成宗大德三年以漕運效靈封輔聖庇民明著

天妃仁宗加封護國庇民廣濟明著天妃文宗天曆二年加封靈感助順福惠徽烈共二十字廟額靈慈元晉封天妃凡五加封皆以海運危險屢見顯應故也明太祖封昭孝純正孚濟感應聖妃成祖永樂七年封護國庇民妙靈昭應弘仁普濟天妃至今皆仍此封號自後遣官致祭歲以爲常莊烈帝封天仙聖母青靈普化碧霞元君已又加青賢普化慈應碧霞元君明封聖妃一仍改封天妃一改封元君二凡四封

本朝仍永樂七年封號康熙十九年收復臺灣神靈顯

應福提萬正色上

聞加號致祭神靈昭著于今轉赫凡渡海者必載主舟

中往年冊封琉球

諭祭兩行夏祈冬報皆預撰文使臣昭告皆獲安全蓋

聖德所感神應尤顯云

封舟救濟靈蹟惟洪熙元年救濟柴山靈蹟詳顯

聖錄以下無攷今斷自陳侃始

嘉靖十三年冊使陳給事侃陳侃始有記故自侃始高行人澄

舟至姑米山發漏呼禱得塞而濟歸值颶桅檣俱折

忽有紅光燭舟乃請筊起柁又有蝶雀示象是夕風

虐冠服禱請立碑風乃弛還請春秋祀典
嘉靖四十年册使郭汝霖李際春行至赤嶼無風有
大魚蕩舟乃施金光明佛并彩舟畀之遂得南風而
濟及回閩日颶將發豫有二雀集舟之巽須臾颶發
失柁郭等爲文以告風乃息更置柁又有一鳥集桅
上不去
萬曆七年册使蕭給事崇業謝行人杰針路舛錯莫
知所之且柁葉失去虔禱之次俄有一燕一蜻蜓飛
繞船左右遂得易柁舟乃平安

萬曆三十年册使夏給事子陽王行人士禎舟過花瓶嶼無風而浪禱于神得風順濟歸舟柁索四斷失柁者三大桅亦折水面忽現神燈異雀來集東風助順

崇禎元年册使杜給事三策楊行人掄歸舟颶作折柁牙數次勒索皆斷舟中三人共購一奇楠高三尺值千金捐刻聖像俄有奇鳥集檣端舟行若飛一夜抵閩云

本朝康熙二年册使張兵科學禮王行人垓歸船過姑

米颶作暴雨船傾側危甚桅左右欹側龍骨半折忽有火光熒熒霹靂起風雨中截斷仆桅舵旋不止勒索皆斷禱神起柁三禱三應易繩下柁時有一鳥綠觜紅足若雁鶩集戰臺舟人曰天妃遣來引導也遂達定海

康熙二十二年册使汪檢討楫林舍人麟焻歸舟颶風三晝夜舟上下傾仄水滿艙中合舟能起者僅十六人厨竈漂没人盡餓凍虔禱天妃許爲請春秋祀典桅箍斷而桅不散頂繩斷而蓬不落與波上下竟

保無虞

今封舟開洋風少偏東禱立正多用卯針船身太下

幾至落漈遂虔禱得改用乙辰針又筊許二十八日

見山果見葉壁船下六百餘里欲收那霸非西北風

不能達禱之立轉一夜抵港　舟回至鳳尾山旋風

轉船篷桅俱仄呼神始正至七星山夾山下椗五更

颶作走椗將抵礁呼神船如少緩始得下椗人皆額

手曰此皆天妃賜也

諭祭文 祈報二道

維康熙五十八年歲次己亥五月癸酉朔越祭日癸
巳
皇帝遣冊封琉球國正使翰林院檢討海寶副使翰林
院編修徐葆光致祭于
海神曰惟神顯異風濤效靈瀛海扶危脫險每著神功
捍患禦災允符祀典茲因冊封殊域取道重溟爰命
使臣絜將禋祀尚其默佑津途安流利涉克將成命
惟神之休謹告

維康熙五十九年歲次庚子二月戊戌朔越祭日丁

卯

皇帝遣册封琉球國正使翰林院檢討海寶副使翰林
院編修徐葆光致祭于
海神曰惟神誕昭靈貺陰翊昌圖引使節以遄征越洪
波而利濟殊邦往復成事無愆克暢國威實惟神佑
聿申昭報重薦苾芬神其鑒歆永有光烈謹告
春秋祀典疏
差囘琉球國翰林院檢討臣海寶編修臣徐葆光等
謹

奏爲奏
聞事臣等於康熙五十七年六月初一日奉
旨册封琉球國王十四日於熱河面請
聖訓出都至閩於五十八年五月二十日登舟次日至
怡山院
諭祭天妃二十二日從五虎門放洋西南順風行八日
六月初一日登岸二十七日行
諭祭禮七月二十六日行
册封禮諸宴禮以次舉行十二月二十六日登舟候汛

本年二月十六日乘東北順風行半月三十日始抵
福州五虎門臣等往返海道畧無危險皆
皇上德邁千古
福與天齊臣等奉
命經行絕遠之處神靈效順臣等闔船官兵以及從役
數百人無一虧損皆得安歸臣等不勝欣幸即琉球
國屬併福省官民人等俱稱奇致頌以爲皆我
皇上德遍海隅之所致也其中往返之時風少不順臣
等祈禱天妃即獲安吉自前平定臺灣之時天妃顯

靈效順已蒙
皇上加封致祭今黙佑封舟種種靈異如此仰祈
特恩許着該地方官春秋致祭以報神庥伏候
聖裁謹奏
聞
禮部謹題爲奏
聞事該臣等議得差囘琉球國翰林院檢討臣海寶編
修臣徐葆光等奏稱臣等奉
旨冊封琉球國王往返海道闔船官兵以及從役數百

人無一虧損皆得安歸其中往返之時風少不順臣等祈禱天妃即獲安吉自前平定臺灣之時天妃顯靈效順已蒙
皇上加封致祭今默佑封舟種種靈異仰祈
特恩許着地方官春秋致祭以報神庥等語欽惟
皇上德周寰宇化洽海隅
詔命所經神靈恊應兹以
冊封琉球國王
特遣使臣舉行典禮往返大海絶險之區官兵從役數

百人皆獲安吉固由天妃顯靈實皆我
皇上懷柔百神海若效順所致也查康熙十九年臣部
議得將天妃封爲護國庇民妙靈昭應弘仁普濟天
妃遣官致祭等因具題奉
旨依議欽遵在案今天妃默佑封舟種種靈異應令該
地方官春秋致祭編入祀典候
命下之日行令該督撫遵行可也臣等未敢擅便
謹題請
旨等因康熙五十九年八月初三日題本月初六日奉

旨依議

臣葆光按元史志云至元中以護海運有奇應加封天妃神號積至十字廟曰靈慈直沽平江周涇泉福興化等處皆有廟皇慶以來歲遣使賫香遍祭金幡一合銀一錠付平江官漕司及本府官用柔毛酒醴便服行事祝文云維年月日皇帝特遣某官等致祭於護國庇民廣濟福惠明著天妃則歲時之祭自元巳有之矣前明嘉靖中冊使陳侃使還乞賜祭以答神貺禮部議令布政司設祭一

壇報可此又特祭一舉行者也萬曆三年冊使蕭
崇業始請秩祀海神合舉祈報二祭至今封舟出
海因之康熙二十二年冊使臣汪楫還具疏請照
嶽瀆諸神着地方官行春秋二祭禮部議未准行
今臣等在海中祈神佑庇竊計封號尊崇已極惟
祀典有缺故專舉爲詞神應昭格今果蒙
恩特賜允行典禮烜赫以答神庥超越千古矣

中山傳信録卷第一

中山傳信録卷第二

封舟到港圖

卷二

中山傳信錄卷第二

冊封琉球國王副使　賜正一品麟蟒服翰林院編修加二級臣徐葆光纂

封舟到港

封舟六月朔旦至那霸港泊海口迎舟數十獨木船雙使一帆者又數百槳世曾孫尚敬守次先遣法司以下諸陪臣來迎詔隨來隨遣前後數輩致牲禮迎勞如儀午潮上島民檥船數百或在船或入水施百綆引舟至迎恩亭下亭建自永樂中尚巴志時修葺如新陪臣班列儀仗金鼓皆集亭左右

迎請

龍亭未刻以次登岸衆官前導至館奉安

詔勅行禮訖以次入謁法司王舅紫金大夫紫巾官爲

一班三叩頭天使立受揖答之耳目官正議大夫中

議大夫爲一班三叩頭天使立受拱手答之那霸官

長史察侍紀官遏闥理官都通事爲一班三叩頭天

使坐受抗手答之嗣後朔望及逢五十日王遣法司

王舅以下至館一起居見天使皆下坐應對皆起立

每月初二日十六日天使亦遣使至王府荅問云

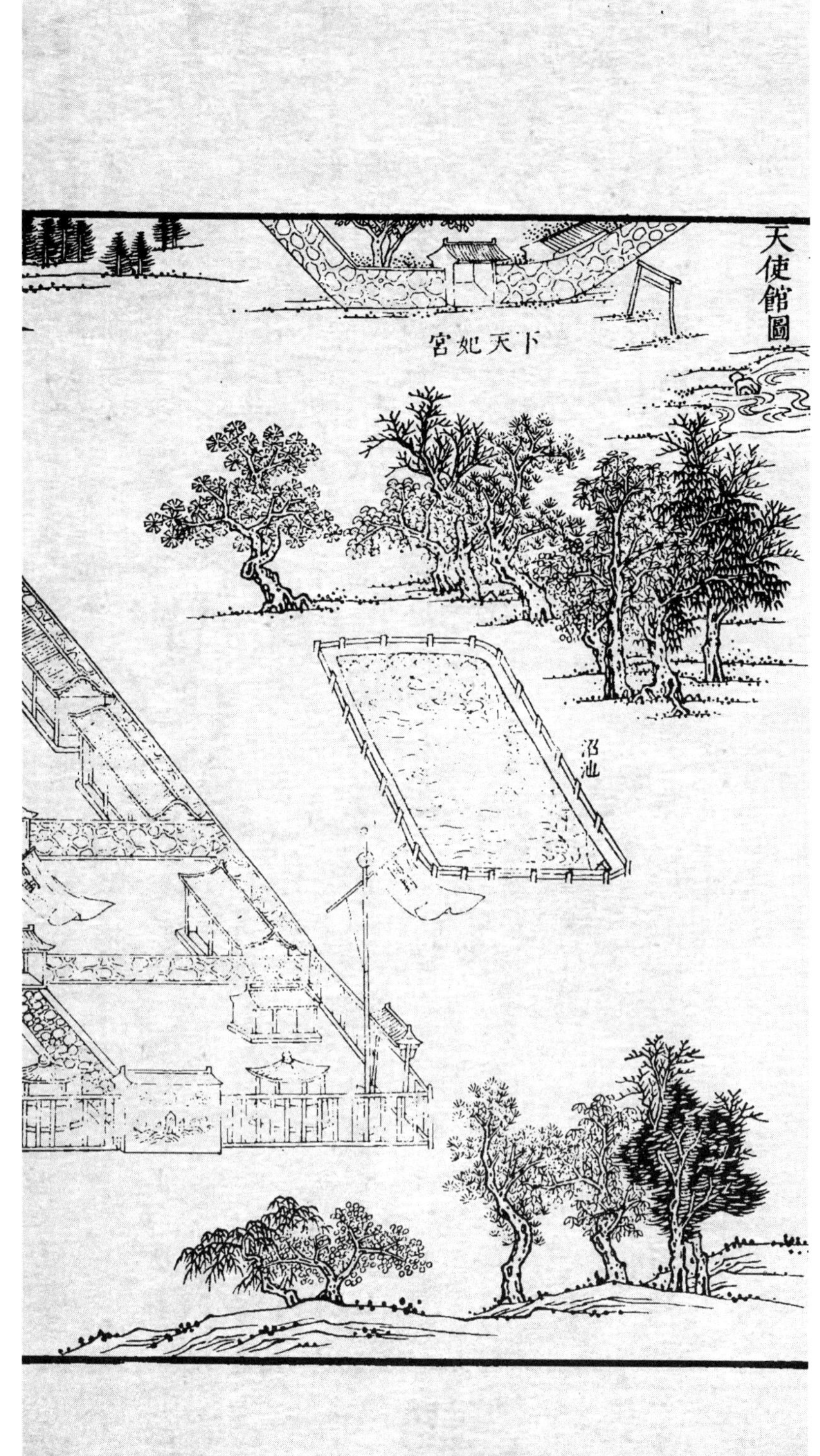
天使館圖
下天妃宫
沼池

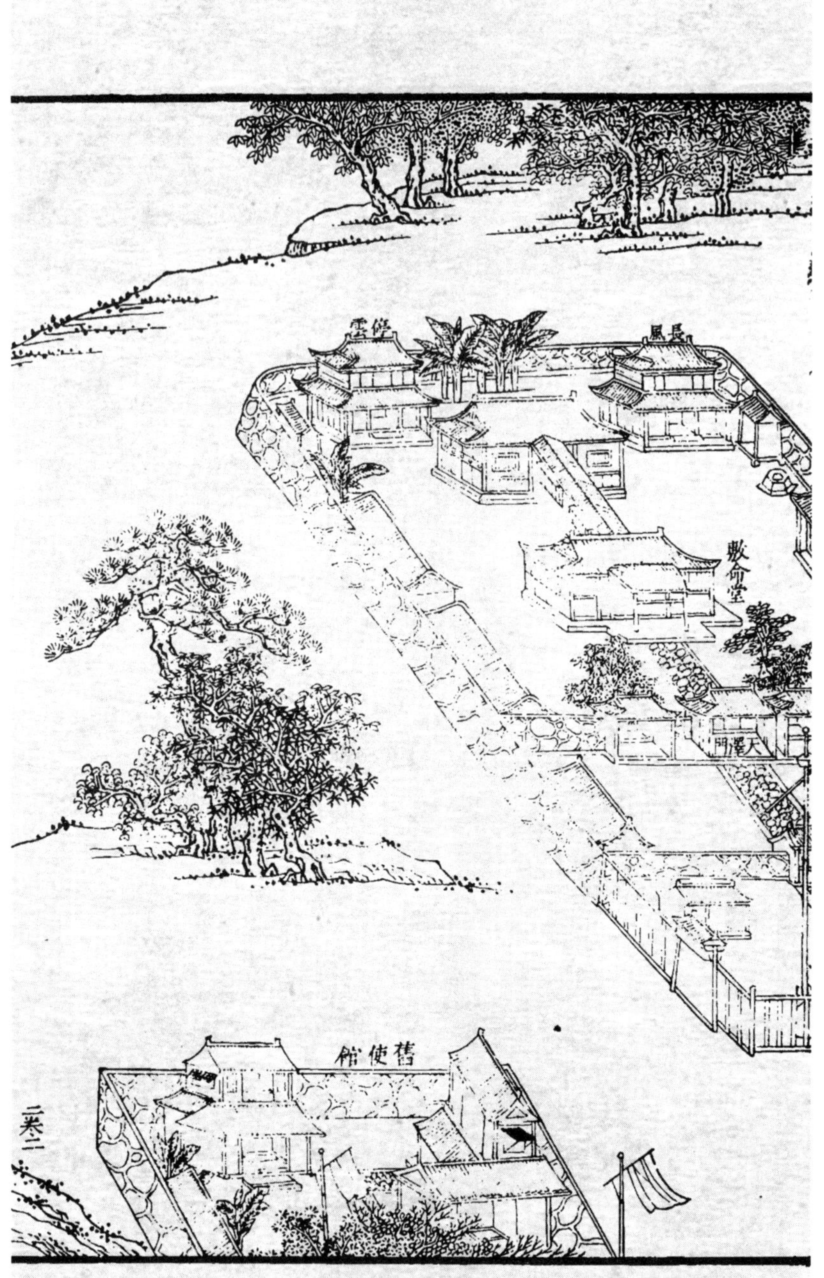

二卷二

天使館

天使館去迎恩亭一里許面南屋宇皆如中國衙署外栅四周栅内東西門房各四楹竿上施册封黄旗二八角鼓棚左右二所大門内東西役房各六楹儀門上有天澤門三字匾前明萬曆中使臣夏子陽題今失去臣等補書其上大堂前庭方廣數畝陪臣行禮于此甬道左右 臣等植大榕樹四株堂上前楹前使張學禮王垓題天威遠布隸書四字汪楫林麟焻題敷命堂三字皆在 臣等又書

皇綸三錫四字懸正梁上蓋自康熙二年封王尚質今
王之高祖也康熙二十二年封王尚貞今王之曾祖
也王之祖尚純未及立王之父尚益未及請封至今
國王尚敬已閱五世皆受我
皇上璽封六十年中大典三行澤及五世實爲千古僅
事故特書之以示遠人明我
皇上與天無極之治海隅日出覆育無窮也左右楹間
特書二牓一載前明冊使姓名一載
本朝三遣使臣姓名

勝記附錄

前明洪武中中山王察度始通於朝武寧嗣位始來告喪請襲終明之代傳十六世世世請封封使三十餘人具列正史而稗載多舛儻中外異書非一統同文之義

皇清受命王尚質始來請封於今五世册禮三行皆奉我

皇上寶璽以來尤爲千古盛事并書於次所以昭曠典愼使職也遣使踰年始達嘉靖以後有遲至三四年

者今按史書之一以遣使之年爲定洪武以來使事不以册封行者姓名不能備考故不并列云册使例以行人充明正統中始用給事中爲之正副仍之後遂不變用翰林與中書舍人自前使始兩使皆史臣唯兹役

明洪武五年詔中山王察度永樂二年封武寧使

時中 行人	楊載 行人

永樂五年封思紹如典禮洪熙元年封尚巴志使

不遣使	柴山 中官
正統七年封尚忠使	正統十三年封尚思達使
俞忭 給事中	陳傅 給事中
劉遜 行人	萬祥 行人
景泰二年封尚金福使	景泰六年封尚泰久使
喬毅 給事中殊域周咨錄作陳謨	嚴誠 給事中中山世鑑作李秉彝
童守宏 行人	劉儉 行人
天順六年封尚德使	成化六年封尚圓使

潘榮吏科給事中福建龍溪人

蔡哲行人

尚宣威　未請封

嘉靖七年封尚清使

陳侃吏科給事中浙江鄞縣人

高澄行人順天固安人

萬曆四年封尚永使

官榮兵科給事中

韓文行人

成化十三年封尚眞使

董旻兵科給事中

張祥行人司司副

嘉靖四十一年封尚元使

郭汝霖吏科左給事中江西永豐人

李際春行人河南杞縣人

萬曆二十九年封尚寧使

蕭崇業 戶科左給事中雲南籍應天上元人

謝杰 行人福建長樂人

夏子陽 兵科右給事中江西玉山人

王士禎 行人山東泗水人

崇禎元年封尚豐使

杜三策 戶部左給事中山東東平州人

楊掄 行人司司正雲南籍上元人

尚賢請封未獲卒福王時來請封遣禮科給事陳燕翼行人韓元勲未行國亡

本朝順治六年尚賢弟尚質奉表十年來請封

世祖遣使康熙二年行

康熙二年封尚質使

張學禮 兵科副理官遼陽人

康熙二十一年封尚貞使

汪楫 翰林院檢討江南儀眞人

王玹 行人山東膠州人　林麟焻 內閣中書舍人福建莆田人

尚益未請封父尚純未立先卒子尚敬今封

堂後穿堂六楹內堂三楹左右兩使臣房後院東西

二板閣東曰長風前使臣汪楫書西曰停雲使臣林

麟焻書匾已廢樓亦重葺臣等重題其上兩行役房

各九楹東西相向東院有水井一礪石牆四週如城

高一丈三四尺許極堅緻堂屋內地皆用方磚上施

銅瓦惟壁皆用夾板役舍則以蘆箔墁土其上

附舊使館

使館西南有舊使館址相連前亦有轅門大門上有小板閣入門大堂三楹以板鋪地去地三尺許外有駐節二字前使王垓所書又前明崇禎中使臣杜三策書有懷靡及四字西有樓今無存胡靖記云楊行人掄居西偏小樓名曰聽海今新葺板閣惟東板閣係舊建樫木梁柱皆極堅固前使張學禮記云樓上有杜三策題梅花詩百首今已墁滅無存測量平豐二臣居之扃前轅門鑿後垣共門出入

舊使館向有息思亭嘉靖三十七年冊使郭汝霖有

息思亭說云琉球天使館自門而入正堂三間自正堂引至書房三間余處於東李君際春處於西房之後再三間官舍輩處之兩旁翼以廊房各六間門書輿皂寓焉暑月藴隆琉之人爲余卜後垣空地砌土甃茅竪柱而亭之余因扁曰息思以咏以歌庶忘其身之在異鄉巳

天使館堂舊名灑露萬曆四年册使蕭崇業有灑露堂説云使館故有匾弗稱唐人云海東萬里灑扶桑意在懷遠也余以灑露名之副使謝杰記云灑露堂

者天使館之堂也諫議蕭使公所以名斯堂也云云

臣葆光按此二條當在舊使館中今匾廢亭圮皆不可考就郭記云自門而入正堂三間今舊院大門内卽大堂無儀門居然可知已

天使館日有都通事一員紅帕秀才二十人輪番值門聽候指使

天使館旁支應分設七司一館務司掌館中大小應行事件一承應所掌館中修葺物件家伙等事一掌牲所掌羊豕鷄鴨支送等事一供應所掌館中酒米

小菜支送等事一理宴司掌七宴事一書簡司掌書
帖往來等事一評價司掌評定物價上下分買支給
等事每司遣大夫一人紅帕三人餘雜差等二十人
主一司其朝夕供應奔走別有庫官等爲之
國王日以宮前瑞泉供客每日清晨汲入綠木筩二
石餘以鎖鎖之走十里送至館中紅帕秀才九人分
日押送
每日供應米五升麪四升醬醬油醋鹽菜油各四盞
豆腐三斤燒酒一瓶魚肉各三斤羊肉二斤乾魚四

斤鷄二蛋十枚海蟳二西瓜二冬瓜十斤菜一斤燭
四枝炭十斤柴四束
起居日餽生猪羊各一雞二蛋魚海蛇海蟳石鮔車
螯麪條麪粉醬菽醋蒜胡椒甘蔗蕉果冬易以橘燒餅佳
蘇魚各一盤燒酒一埕炭一包燭一束朔望加吉果
米肌銀酒黃酒之餽　吉果以米粉爲之形如薄餅
米肌如白酒而稍淡銀酒即燒酒黃酒國中所醞煮
酒色黑醲少有油氣
守備千總日米四升醬油醋鹽菜油米醬各一盞猪

肉三觔羊肉一觔生魚二觔乾魚三觔雞一蛋十枚
蔬菜一觔豆腐一觔燒酒六盞小燭二枝炭五觔柴
二束　全廩給日米三升醋鹽菜油豆醬各一盞猪
肉二觔生魚二觔乾魚二觔雞一蛋五枚蔬菜一觔
豆腐一觔燒酒三盞小燭二枝柴二束　半廩給日
米二升醋鹽菜油豆醬各一盞猪肉一觔乾魚一觔
雞一蔬菜一觔豆腐一觔燒酒二盞柴二束　口糧
月糧日米一升五合醋鹽菜油豆醬各半盞猪肉一
觔鹽魚一觔蔬菜一觔豆腐半觔燒酒一盞柴一束

天妃宫行香

入館後涓吉鼓樂儀從奉迎船上

天妃及拏公拏公水神詳汪使錄中諸海神之位供於上天妃宫

內朔望日行香琉球天妃宫有二一在那覇曰下天

妃宫天使館之東門南向前廣數十畝有方沼池宫

門前石神二入門甬道至神堂三十步許堂內有崇

禎六年册使杜三策楊掄慈航普濟匾順治六年招

撫司謝必振普濟生靈匾康熙二年癸卯册使張學

禮王垓普濟羣生匾大門上書靈應普濟神祠則萬

曆三十四年册使夏子陽王士禎所立也兩旁皆民
房國中案牘多儲于此有鐘一架刻云琉球國王大
世主庚寅慶生兹現法王身量大慈願海而新鑄洪
鐘以寄捨本州下天妃宮上祝萬歲之寶位下濟三
界之羣生辱命相國安濳爲其銘銘曰華鐘鑄就挂
着珠林撞破昏夢誠汪録悞作正字禱天心君臣道合蠻夸
不侵彰凫氏德起追蠡吟萬古皇澤流妙法音景泰
丁丑年月朔旦施
上天妃宫在久米村夏給諫子陽使録云此爲嘉靖

中册使郭給事汝霖所建他無碑記可証宮在曲巷中門西向神堂北向門旁亦有石神二進門上甬道左右寬數畝繚垣周環正中爲天妃神堂右一楹爲關帝神堂右爲僧寮階下鐘一所大門左有神堂上嚮供龍神

天妃堂內有崇禎六年册使杜三策楊掄立德配玄穹康熙三年癸卯册使張學禮王垓生天福靈二十二年册使汪楫朝宗永賴三匾副使林麟焻二十三字長聯後稱裔侄孫麟焻敬題蓋

天妃爲莆田林氏閩中林姓多作此稱梁上有靈應普
濟神祠之額乃萬曆中冊使夏子陽王士禎所立也
始至館第二日先詣孔廟行香次至天妃宫冬至
則設
萬歲龍亭於廟左明倫堂使臣以次行禮訖亦載謁夫
子像朔望則否　天尊廟祀雷聲普化天尊汪錄
永樂中貢使自京師塑像歸禱必應故第二日亦
往行香朔望則不再至云

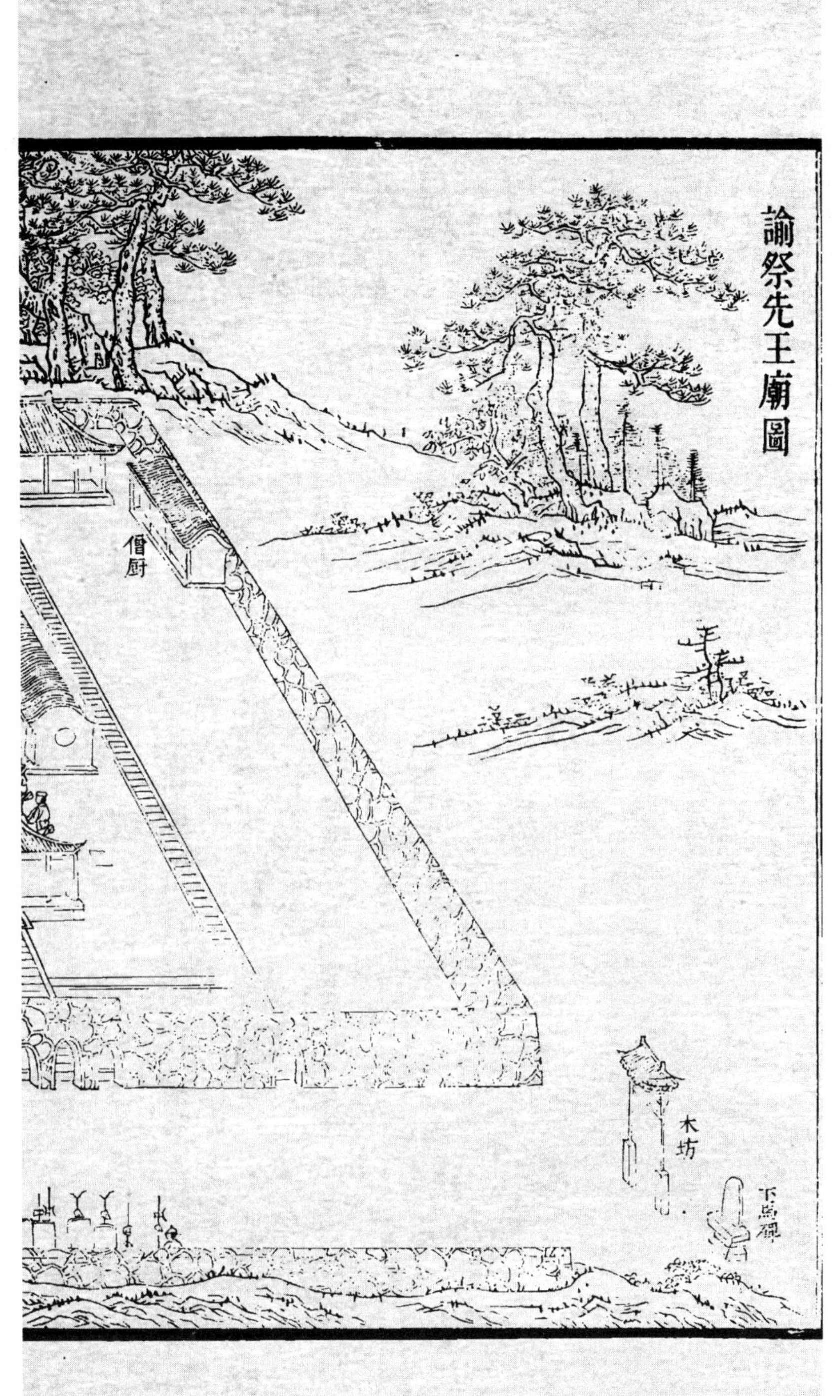
諭祭先王廟圖
僧厨
木坊
下馬碑

神厨
鉄樹
先王位
開讀臺
下馬碑
木坊
安里橋
卷十二

中山先王廟

自天使館至先王廟二里許天使館東有天妃宮宮前有方沼池過池東北沿隄行不半里有泉崎橋橋旁有孔廟由廟東行數百步北折爲長虹隄隄長亘二里許下作水門七以通潮（隄旁有小石山名七星山七石離立沙田中）隄盡北折爲安里橋（此處地名安里故名汪錄作眞玉橋悞另有眞玉橋在豊見城北玉湖之上）過橋東折卽中山先王廟廟前松岡數重左右流澗寛丈許環注安里橋下入海廟前石路方廣左右立木坊及下馬石碑左右各一廟垣四周皆礪

石磊成正中作圈門三左右角門二門內前堂三楹

匾肅容二字即祭畢設宴待客之所更進甬道東西

廳各三楹階下兩叢鐵樹攢鬱正廟七楹堂楹之上

前使臣張學禮題河山帶礪汪楫題永觀厥成二匾

俱在臣等亦書世篤忠貞四字懸其次　堂西神厨二楹東爲佛堂前

後六楹旁三楹爲僧厨

儀注俱從前使臣汪楫更定

六月二十六日丁卯行

諭祭禮先期灑掃王廟中堂屏蔽神主以便迎請

龍亭設香案於廟中設司香二人設開讀臺於滴水西
首設開讀位東南向設中山先王神主位於露臺東
首西向設世曾孫俯伏位於先王神主位之下北向
設世曾孫拜位於露臺中北向設衆官拜位於世曾
孫拜位後左右層列設奏樂位於衆官拜位之下北
向
祭日黎明法司官率衆官及金鼓儀仗畢集天使館
前天使啓門叅謁畢迎請
龍亭進公館中堂捧軸官捧

諭祭文二道奉安
龍亭內又捧齎賜絹帛二百端白銀二百兩奉安彩亭
內衆官排班行三跪九叩頭禮畢前導至安里橋世
曾孫皂袍角帶率衆官迎伏於橋頭道左
龍亭暫駐世子衆官平身天使趨前分立
龍亭左右通事官唱排班世曾孫率衆官行三跪九叩
頭禮畢世曾孫率衆官前導至廟門外
龍亭由中門入至廟內中堂彩亭內銀絹分列於先王
位前案上天使隨入左右立捧軸官由東角門入至

廟東邊門外西向立宣讀官展軸官由西角門入至
開讀臺下東向立司香二人舉香案置
龍亭前添香世曾孫率衆官由東角門入上露臺各就
拜位行三跪九叩頭禮畢退立於先王神位之下西
向捧軸官由廟東邊門入廟中堂天使先取
諭祭先王尚貞文授捧軸官高舉出廟中上開讀臺宣
讀官欠之展軸官又欠之捧軸官上臺立案右宣讀
官就開讀位展軸官立案左與捧軸官對展通事官
唱開讀世曾孫衆官皆俯伏於先王神位之下北向

候宣讀官從容讀畢通事官唱焚帛世曾孫率衆官

皆平身至焚帛所候焚畢回露臺同衆官謝

恩三跪九叩頭禮畢退班世曾孫捧先王尚貞神主由

廟東邊門入廟內安於東偏神座世曾孫又捧先王

尚益神主就位天使又取

諭祭先王尚益文授捧軸官如前儀

諭祭文二道皆另謄錄焚黃原

勅俱請留供廟中

諭祭禮畢天使易服世曾孫揖至東廳行相見禮世曾孫未

受封猶守幕次至此始與使臣相見七宴天使居東自此始張學禮記始至有迎風宴非也
世曾孫居西各三拜迭坐奉茶畢請就前堂宴天使左行世曾孫右行至前堂天使居東世曾孫居西安坐正使居東副使居西俱南面坐世曾孫面東北坐不設樂茶酒皆親獻天使辭天使酬獻亦辭席終請天使輿至滴水前世曾孫下階揖别衆官出門跪送世曾孫是日不及詣館謝先遣官至館謝勞天使次日亦遣官入王城謝宴爲第一宴

諭祭先王文二道

維
康熙五十八年歲次己亥六月壬寅朔越祭日丁卯
皇帝遣冊封琉球國正使翰林院檢討海寶副使翰林
院編修徐葆光
諭祭於故琉球國中山王尚貞之靈曰朕撫綏萬邦中
外一體越在荒服咸畀湛恩矧效忠既篤於生前斯
賜卹彌隆於身後眷言鴻伐宜賁龍光爾琉球國中
山王尚貞肅凛朝章丕揚世緒秉聲靈於天府水靜
鯨波奉正朔於大庭風淸島服靖共匪懈恩早錫於

九重貞順彌加時將歷乎三紀方謂期頤未艾何圖
徂謝遥聞深用愴懷特頒祭邺嗚呼作屏翰於遐方
始終臣節被優崇於幽窆炳煥綸褒用薦苾芳尚其
歆格
維
康熙五十八年歳次已亥六月壬寅朔越祭日丁卯
皇帝遣冊封琉球國正使翰林院檢討海寶副使翰林
院編修徐葆光
諭祭於故琉球國王尚益之靈曰朕承天麻撫馭區寓

罔有內外並予輯綏凡所賓貢不忘存邺有庸必報
雖遠弗遺所以示懷柔昭鉅典也爾琉球國王嗣尚
益承先受祚繼志輸忠世著勲勞奉共球而內嚮代
修朝請航溟渤以歸誠乃涖職止於三年嗣封闕於
再世眷言藩服方期多福之是膺勉樹嘉猷詎意修
齡之難得訃音遠告褒邺特申雖錫命未逮於生前
而榮施實隆於身後爰頒祭醱用遣專官嗚呼玉冊
遥傳庶慰來王之志綸函覃被聿昭撫遠之忱載設
牲犧庶其歆格

冊封中山王圖
西

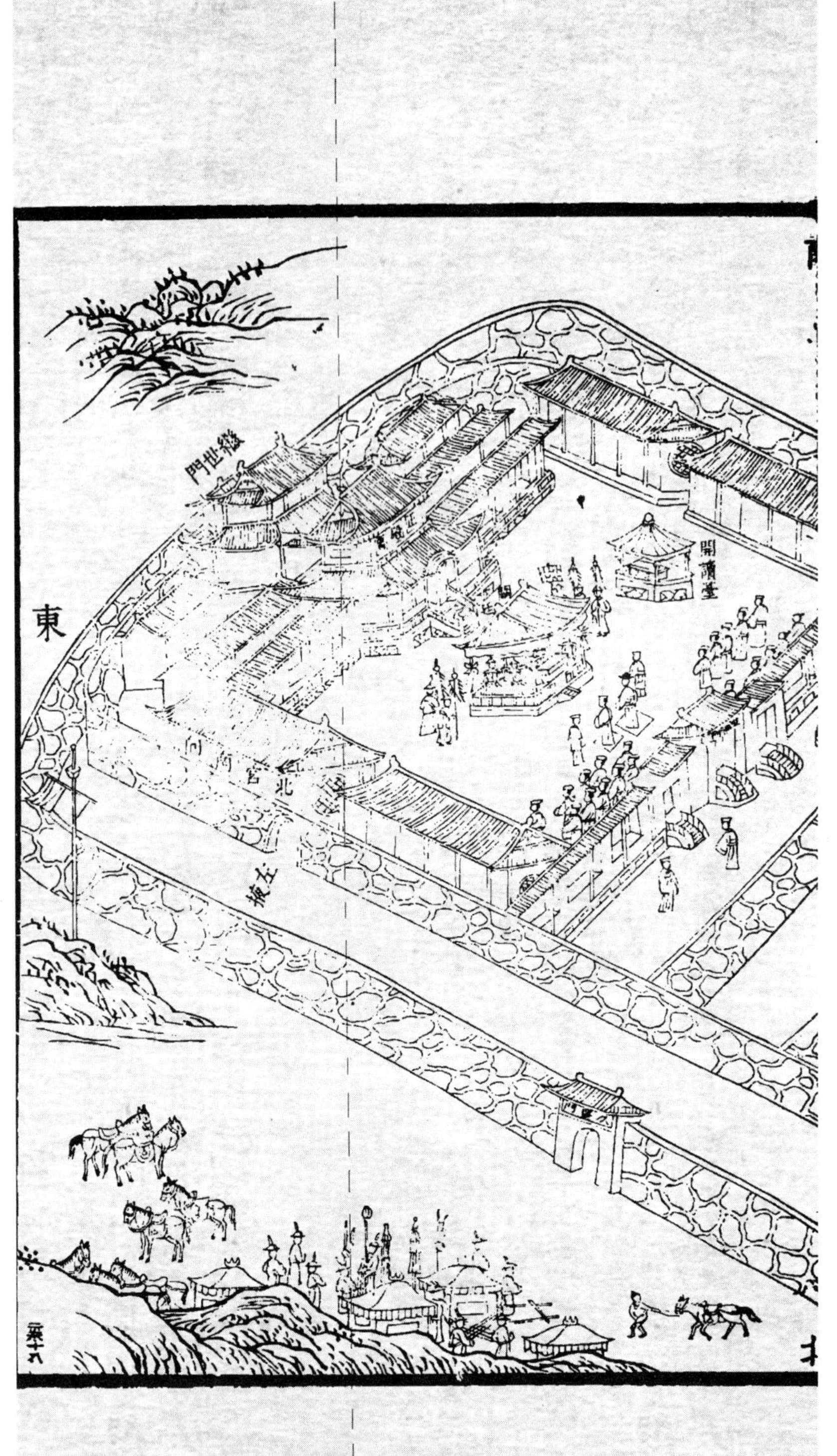
東
繼世門
開讀堂
左掖

中山王府

自天使館至中山王府十里

冊封日自先王廟以東紅帽吏排仗夾道列至王宮先王廟南折爲八幡橋更東過岡二里許爲差回橋亦名茶崎上岡東行爲萬松嶺石路修整岡巒起伏松皆數圍夾道森立更進爲萬歲嶺更進半里許有坊牓曰中山道南有安國寺寺對街累牆如削爲世子第夾路皆礪石短牆高三四尺中路有鳳蕉一叢累石環之又進半里許有坊牓曰守禮之邦中山王伏

迎

詔於此坊下道旁石牆漸高八九尺坊外道左有天界

寺寺門北向佛殿西向寺前西南爲王塋對街繚垣

內爲大美殿更進半里許爲歡會門即中山王府城

也在山頂礪石城垣四週三四里遠望如聚髑髏自

古紀之蓋言其形似也山形殿址本南北向由那霸

至中山從西岡上故門皆西向城外石崖上左刻龍

岡右刻虎崒城四面各一門前歡會門西向後繼世門東向左水門南向右

久慶門北向更進歡會門至石崖下爲瑞泉上崖門西北

向房曰瑞泉左右皆甬道有左掖右掖二門通入王宮更進樓房曰刻漏
西向更進爲廣福門西北向更進爲奉神門左右三
門並峙西向王殿九間皆西向殿樓上供
御書中山世土四字大房卽王宮也前殿庭方廣數十
畝左爲南樓北向右爲北宮南向扁曰忠誠可嘉凡
宴天使皆于此殿屋皆固樸多柱礎屋一間施二十
柱無華采之飾亦不甚巍峻以在山頂多海風故也

儀注俱從前使臣汪楫更定

册封先一日所司張幄結綵於天使館國中經行處所

皆結綵造板閣一楹爲
闕庭設於王殿庭中中置殿陛左右層階設香案於
闕庭前設司香二人於香案左右設世子受賜予位於
香案之前設宣讀臺於殿前滴水之左設世子拜位
於露臺正中設衆官拜位於世子後左右層列世子
左右立引禮官二員衆官左右立贊禮官二員陳儀
仗於王殿左右設奏樂位於衆官拜位之後
七月二十六日丁酉黎明法司官衆官率金鼓儀仗
畢集天使公館前天使啓門叅謁畢迎請

龍亭入公館中堂捧詔官捧勅官各捧

詔勅奉安

龍亭中捧幣官捧緞疋等分置左右綵亭中王與妃各

一亭衆官排班行三跪九叩頭禮畢前導世子率衆

官伏迎於守禮坊外

龍亭暫駐世子衆官平身天使趨前分立

龍亭左右通事官唱排班世子衆官行三跪九叩頭接

詔禮畢衆官世子前導立殿下

龍亭入至

闕庭中綵亭分列左右天使分立
龍亭左右捧詔官捧勅官立殿陛下宣讀官立開讀臺
下司香者舉香案於
龍亭前添香奏樂引禮官引世子由東階升詣香案前
樂止引禮官唱跪衆官各就拜位皆跪引禮官唱上
香案右司香者捧香跪進於世子之左三上香訖俯
伏興平身奏樂引禮官引世子出露臺就拜位率衆
官行三跪九叩頭拜
詔禮畢平身樂止天使詣前正中立捧詔官捧勅官由

東階升天使取

詔授捧詔官取

勑授捧勑官高舉下殿陛同宣讀官上開讀臺

詔勑并置案上通事官唱開讀樂止引禮官唱跪世子

衆官皆跪捧詔勑官以次對展宣讀官次第讀畢引

禮官唱平身世子衆官皆平身奏樂捧詔勑官各捧

詔勑升殿陛天使仍奉安

龍亭中捧詔勑官下東階國王及衆官行三跪九叩頭

謝封禮畢平身樂止天使宣制曰

皇帝勑使賜爾國王及妃綵疋綵帛引禮官引國王由
東階升法司官隨行國王至受賜予位跪奏樂天使
取賜王及賜王妃綵疋一一親授國王國王高舉法
司官跪接傳置案上畢俯伏興平身引禮官引國王
復位率衆官行三跪九叩頭謝賜禮畢平身樂止引
禮官引國王升東階至
龍亭前跪問
聖躬萬福天使答曰
聖躬萬福國王俯伏興平身奏樂引禮官引國王復位

率衆官行三跪九叩頭問安禮畢平身樂止引禮官
引國王升東階至香案前跪請留
詔勅爲傳國之寶法司官捧前代詔勅呈驗天使驗明
允所請捧亭中
詔勅親授國王國王平身仍奉安亭中奏樂引禮官引
國王復位率衆官行三跪九叩頭謝
恩禮畢國王請天使更衣俱肄北宫對拜安坐獻茶一
如前儀用樂人聲居上鐘鼓列下陛迭奏爲第二宴
冊封詔

奉
天承運
皇帝詔曰朕恭膺
天眷統御萬邦聲教誕敷遐邇率俾粵在荒服悉溥仁恩奕葉承祧並加寵錫爾琉球國地居炎徼職列藩封中山王世子曾孫尚敬屢使來朝貢獻不懈當閩疆反側海氛陸梁之際篤守臣節恭順彌昭克殫忠誠深可嘉尚茲以序當纘服奏請嗣封朕惟世繼爲家國之常經爵命乃朝廷之鉅典特遣正使翰林院檢

討海寶副使翰林院編修徐葆光齎詔往封爲琉球
國中山王爾國臣僚以曁士庶尚其輔乃王愼修德
政益勵悃忱翼戴天家慶延宗祀實惟爾海邦無疆
之休故茲詔示咸使聞知
康熙五十七年八月　日

賜勅

皇帝勅諭琉球國中山王世子曾孫尚敬惟爾遠處海
隅虔修職貢屬在冢嗣序應承祧以朝命未膺罔敢
專擅恪遵典制奉表請封朕念爾世守臣節忠誠可

嘉特遣正使翰林院檢討海寶副使翰林院編修徐
葆光齎勅封爾爲琉球國中山王并賜爾及妃文幣
等物爾祇承寵眷懋紹先猷輯和臣民愼固封守用
安宗社于苞桑永作天家之屏翰欽哉毋替朕命故
諭

頒賜國王
蟒緞貳疋　青綵緞叁疋
藍綵緞叁疋　藍素緞叁疋
閃緞貳疋　衣素貳疋

錦 叁 疋 紗 肆 疋

羅 肆 疋 紬 肆 疋

頒賜妃

青綵緞貳疋 藍綵緞貳疋

粧緞壹疋 藍素緞貳疋

閃緞壹疋 衣素貳疋

錦貳疋 紗肆疋

羅肆疋

康熙五十七年八月 日

臣葆光按前明賜賚幣物隨時有異附誌於後以備參考中山世鑑載正統十四年賜國王尚思達錦四粧花連毬花紅一粧花連勝寳相花紅一十字綾花黃一百花絨錦黃一紵綵六織金胷背麒麟紅一獅子青一暗八寳天花雲紅一雲綠一素青一綠一紗八織金胷背白澤紅一麒麟青一暗花藍一暗花骨朶雲八寳紅一素紅一青一綠一藍一羅六織金胷背麒麟紅一青一素紅一青一綠一藍一賜王妃錦二粧花雲鳳青一百花絨錦黃一紵綵四織金胷背白澤紅一暗花骨朶雲青一暗天花八寳雲綠一素青一紗四織金胷背白澤紅一暗花骨朶雲綠一素紅一青一羅四織金胷背彪一素青一綠一藍一又賜王叔錦

一連勝寶相花黃一紵絲四織金白澤大紅一暗花骨朶雲青一暗八寶天花雲綠一素紅一景泰二年賜國王尚金福及妃錦紵等數同王叔無賜爲異嘉靖十三年冊使陳侃錄賜國王尚清紗帽一展角全金廂犀束帶一常服羅一大紅織金胷背麒麟圓領一青褡護一綠貼裏一皮弁冠服一副柒旒皂皺紗皮冠一旒珠金事全玉圭一袋全五章絹地紗皮弁服一套大紅素皮弁服一纁色素前後裳一纁色素蔽膝一玉鈎全纁色粧花錦綬一金鈎玉玎璫紅白素大帶二大紅素紵絲舄一雙

襪全丹礬紅平羅銷金夾包袱四素白中單一紵絲二黑綠花一深青素一羅二黑綠一青素一白氊絲布一賜王妃紵絲二黑綠花一深青素一羅二黑綠一青素一白氊絲布十與正統景泰中所賜已各不同

琉球國王印

琉球國王之印

順治十年國王尚質來繳前朝故印請封重給康熙元年册使始至國賜王此印印文六字琉球國王之印左滿右篆不稱中山

臣葆光按康熙元年冊封詔曰遣官捧詔印封爲琉球國中山王則印文似當云琉球國中山王之印始與詔文相應然考前明洪武十六年始賜王察度鍍金銀印十八年又賜山南王山北王駝紐鍍金銀印各一是時國分爲三察度止有中山則當稱中山王今琉球既并山南山北爲一已三百餘年矣而本國尚仍中山一隅之號蓋承前襲封舊文疑乎自示不廣以義揆之當如賜印止稱琉球國王爲正

中山王圖年二十歲康熙三十九
年庚辰六月十九日生

中山王儀仗圖

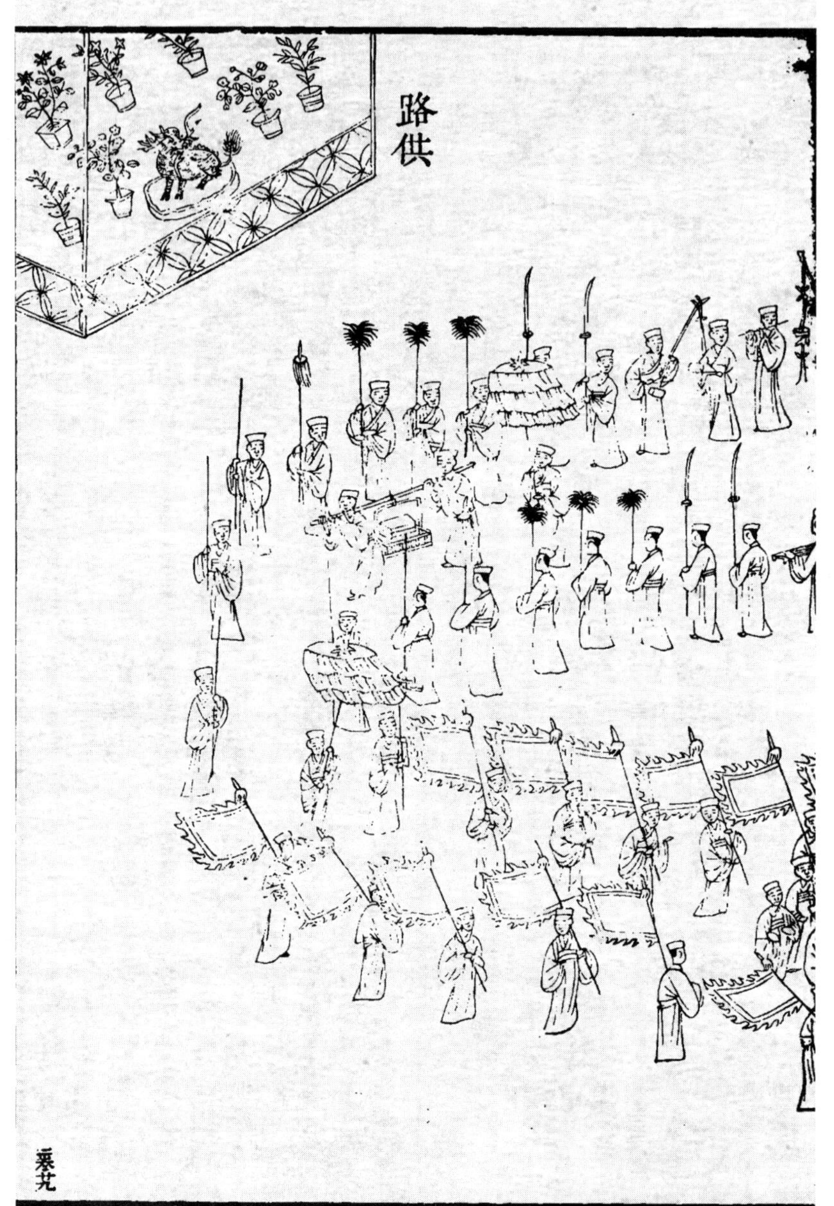
路供

中山王肄館儀仗

七月二十六日

冊封禮成中山世曾孫尚敬始稱中山王擇吉告祖廟

八月二日受國中各島臣民賀訖初九日中山王躬

詣天使館謝

封盛儀仗備官僚成禮而還其初出府門也乘十六人

肩輿及過長虹隄至孔廟南小駐别館易衣減輿夫

之半始至天使館還至别館仍易衣儀從如前歸府

第今所見者與前使臣汪楫所記少異略載于後

鳴金四人　鼓吹三隊隊八人　方棍六人　紅隔
路二人　旗十六人　鐵叉二人　曲鎗二人　留
家住四人　狠牙鈎二人　長鈎四人　鉞斧四人
長桿鎗三十二人　月牙四人　鷄毛帚十二人
馬尾帚二人　大刀二人　黃繖二人　花繖二
人　引馬二人　提爐二人　黃緞團扇二人　綠
珠團扇二人　印箱二人　衣箱二人　轎前紅桿
鎗四人　紅鞘長腰刀四人　黑腰刀二人　長砍
刀四人蕭崇業錄云有武士戴銅假面衣添甲帶刀者數十輩今則以常服執之　大掌

扇一人　紅絡金爐二人　金葫蘆二人　珠兜扇二人　小鵝毛扇二人　蠅拂二人（金爐以下俱小童執近侍小童名察度奴示）　黃帽對馬三十人（耳目官大夫以下等員）　紫帽對馬十二人（紫巾官紫金大夫等員）　綠地五花織金帽對馬二人（王舅法司等員）

附錄賀封路供

是日國王經行之處道旁皆設各種花供泉崎橋隄上道旁盆盎中羅花卉數十種排列數層朱欄繞之中刻木作一獸繪畫如麟狀後立一木版書云非龍

非彪非熊非羆王者之瑞獸更無對句此久米人所設

使館東下天妃宫前沼池内作假山剪紙作白鶴一池上斧大松一株立地中上亦作一白鶴如飛鳴相向狀四圍以紙皮作假山羅花草數十種圍之中作一老人二鹿如山呼祝壽狀此那霸人所設

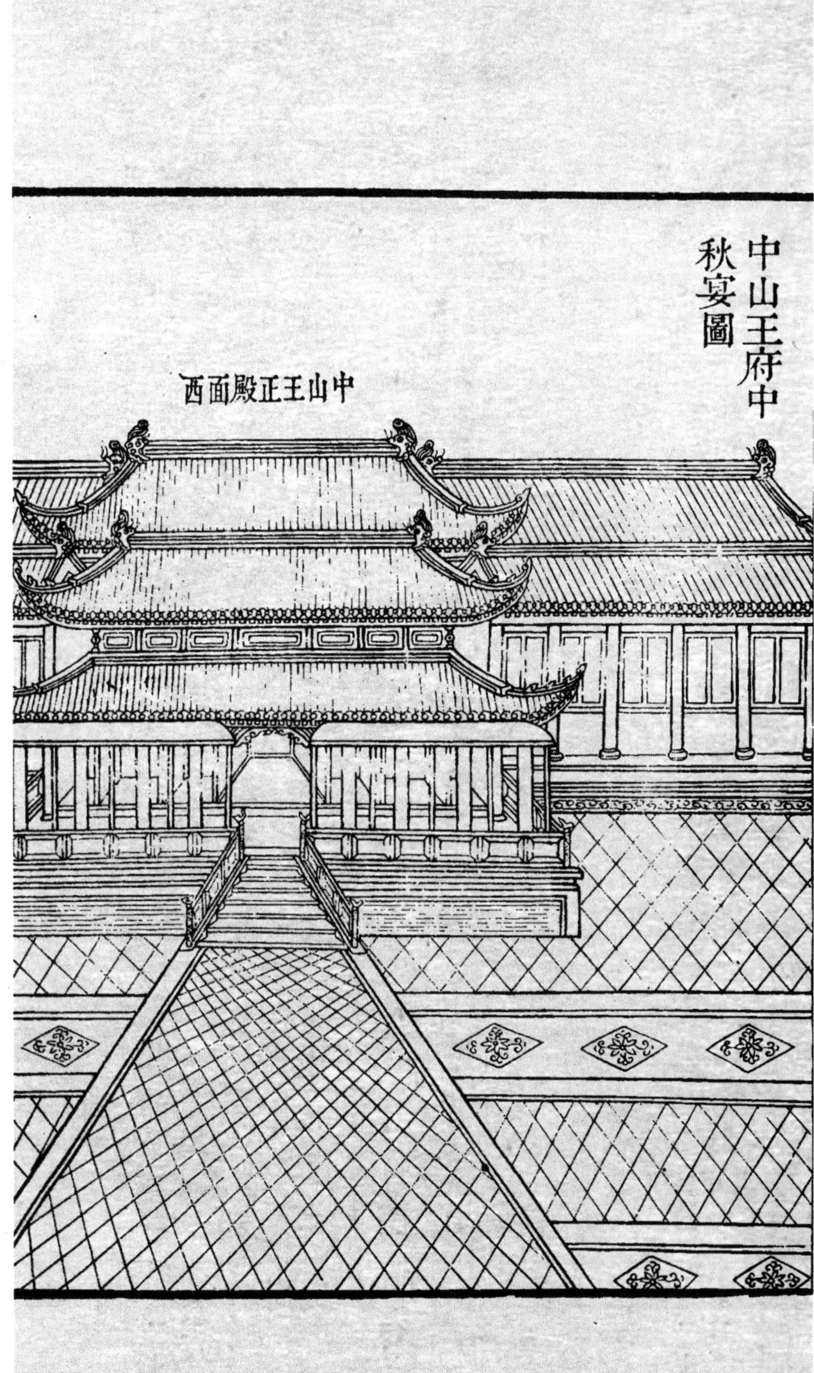
中山王府中秋宴圖
中山王正殿面西

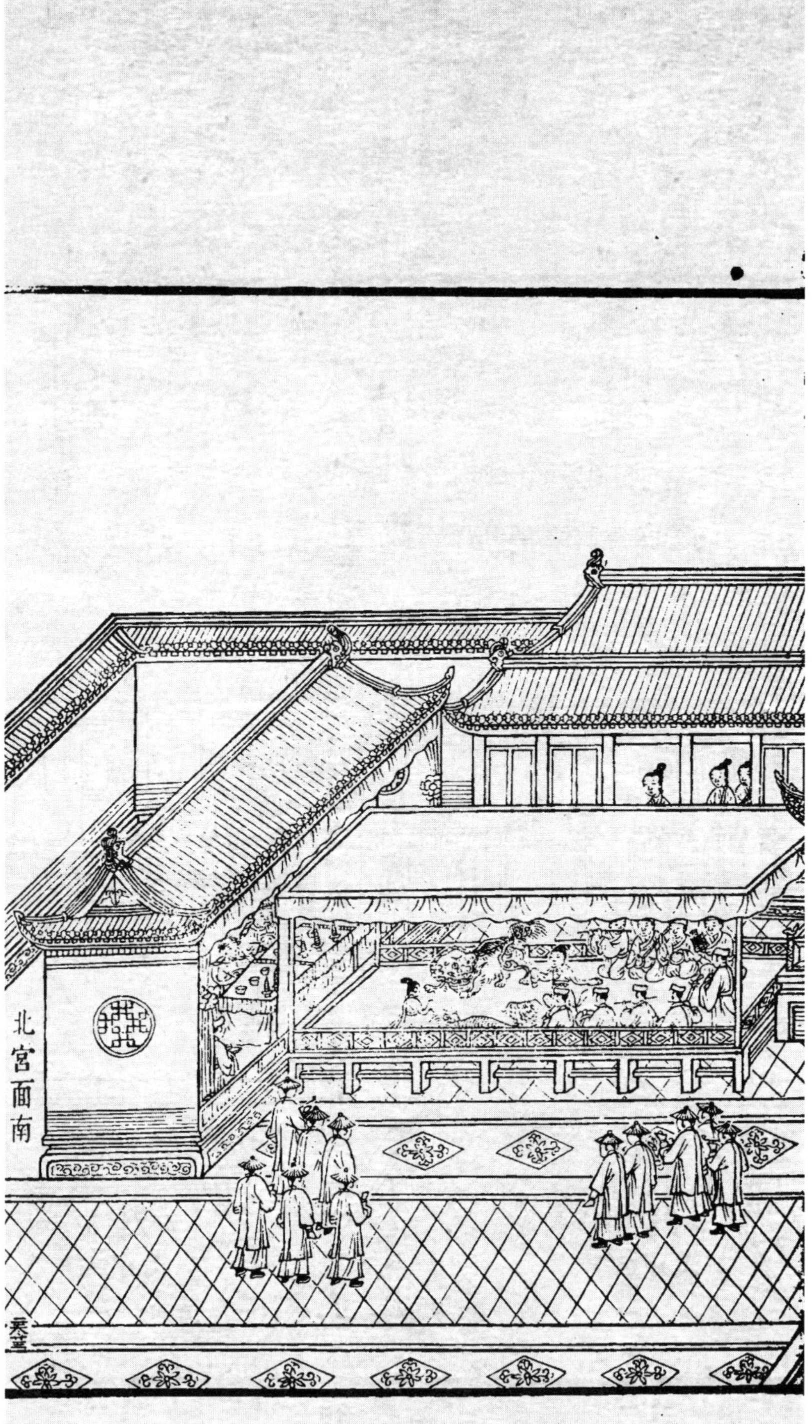
北宮面南

中秋宴

王府庭中于北宫滴水前造木臺方五六丈帷幕四週王延客入席坐定先呈神歌祝頌說帖云本國混沌之初首出御世者爲天孫氏如中國羲皇澹泊爲治嗣後國君登位神每出示靈祐乃製迎神歌以歡樂之廹後神不屢出神歌遺曲至今猶存每當國王即位及行慶諸事必皆舉行從前先王受

冊封後宴天使例首演之作一老人登場不作樂惟唱

神歌拜祝

皇上萬歲中外昇平次頌國王共蒙福祉今當中秋佳
節天使降臨眞神人共喜之日也謹遵例首唱起神
歌黃髮老人百拜稽首恭頌
皇上恩德如天國王帶礪百世老人歌罷拜退次令戚
臣子弟俊秀者數十人衣彩衣隊隊相續歌太平曲
以供宴樂云
先有樂工六人引聲如梵唄音無樂次有戴壽星假
面一人登塲和之三拜搓手起舞舞畢又三拜止
次有樂工十四人著雜色紅綠衣帽簷六稜低壓頭

頂或戴燕尾絲頭巾持樂器三弦二提琴一（即用三弦着引弓于上）三弦槽柄比中國短半尺許笛一小鑼一鼓二登場前後二行曲跽上向引吭曼聲歌裹幔處有小童可十三四歲四人着朱色襪五色長衣無帶開襟搖曳頭戴黑皮笠朱纓索曼長垂胸前迴旋而上時作顧盼坐起之態登場一行面樂工小坐樂工代爲解笠捲朱纓盤着笠上仍授之小童起立執笠頓足按節而舞樂工曼聲歌與相應爲第一遍笠舞　又有四小童宮粧剪金扇面作花朶朱帕紫額上有金

飾五色衣項上帶五色花索一圍長垂膝下登塲樂
工歌脫花索交手頓足按節如前爲第二遍花索舞
次有小童三人可十餘歲戴珠翠花滿頭着宮裙
五色錦半臂肩小花籃各一提登塲鼎立樂工歌頓
按如前爲第三遍籃舞　次幼童四人短朱綠五色
宮衣長裙間綵曳地搖曳登塲向樂工小坐樂工各
授小竹拍四片起舞按節手拍應之爲第四遍拍舞
次有武士六人着黑白相間綦紋大袖短衣金箍
束額作平頂僧帽式挺白杖交擊應節爲第五遍武

舞　又有小童二人五色衣執金毬毬上四面著小金鈴長朱索曼纓左右舞引二青獅登場旋撲爲第六遍毬舞　席終换席又有小童三人宫粧登場向樂工小坐工授以小花金桿二枝長不及尺許兩頭著紅花交擊應節爲第七遍桿舞　次有小童四人易宫衣登場手執花竿長三尺許各一枝舞應節爲第八遍竿舞時已向昏徹帷幕庭中設烟火數十架又令數人頭戴火笠騎假馬頭尾烟爆齊發奔走庭中以爲戲樂宴畢出城火炬長二丈許者數千夾道

送歸使館爲第三宴

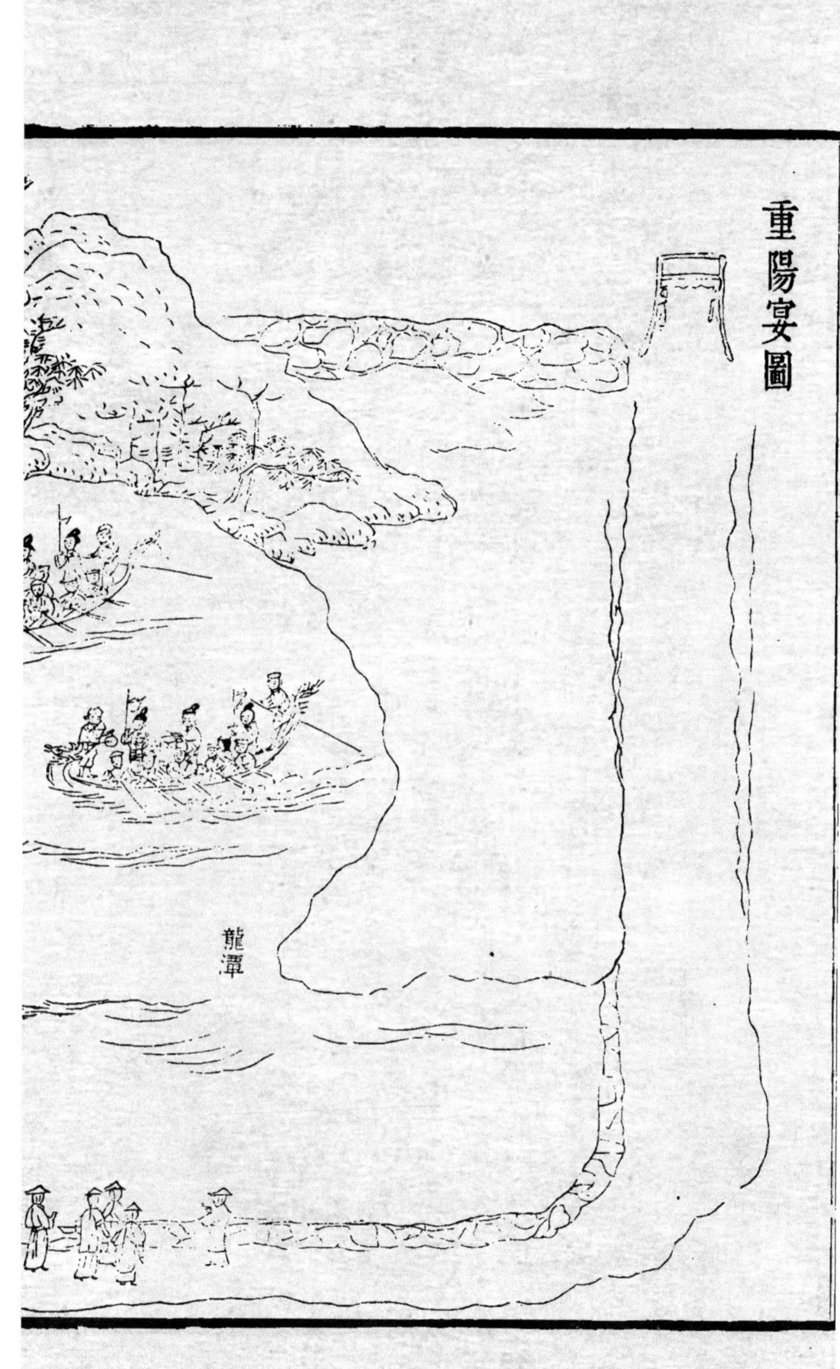
重陽宴圖
龍潭

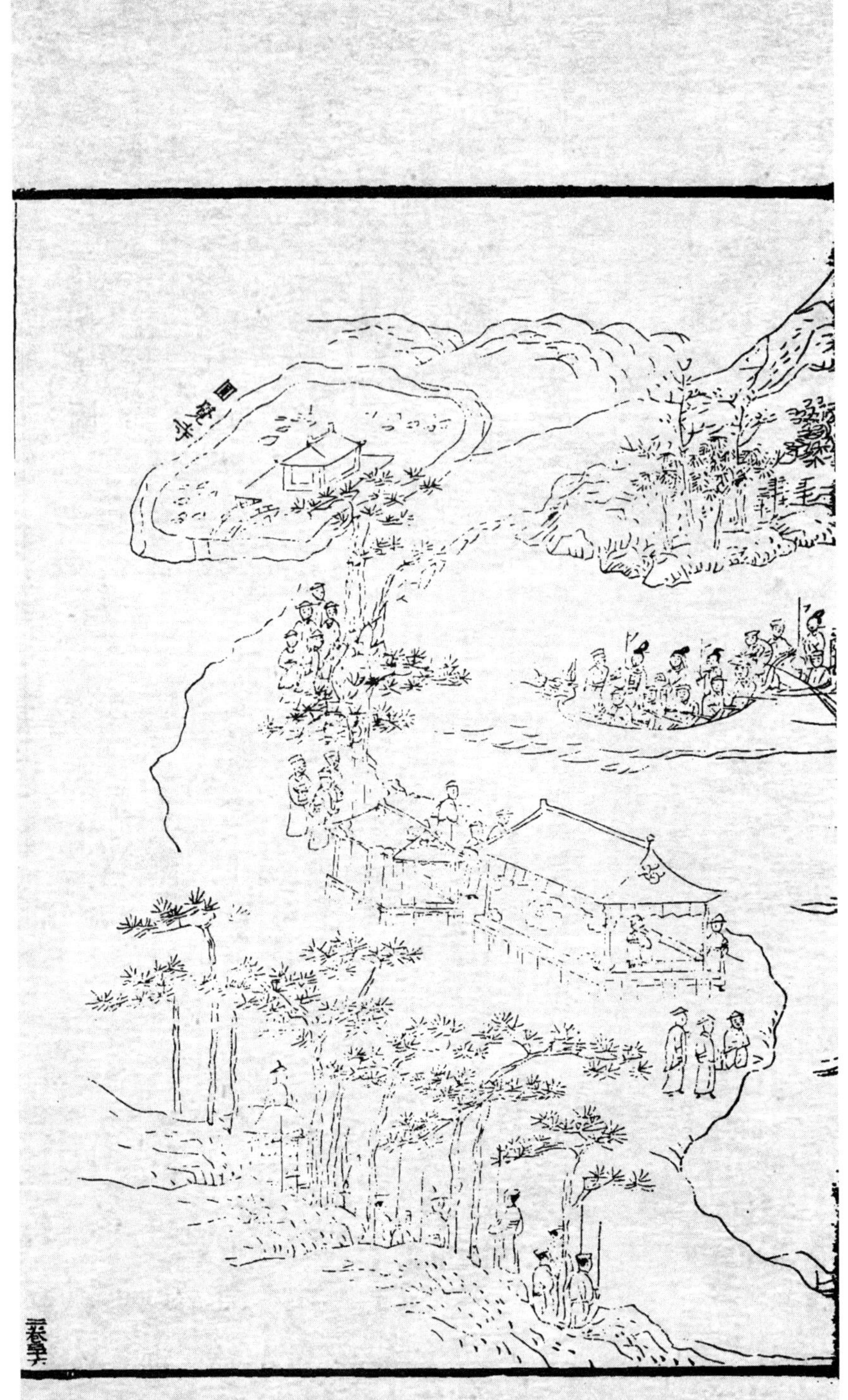

重陽宴

龍潭在王宫之北圓覺寺西長不半里寛數十畆水渟瀠與圓覺寺前荷池相通瑞泉下流所匯也南岸爲神嶽蕉樹攢密不見曦月掩映碧潭岸無餘址北岸長隄上蠣墻連墉皆巨族居之跨東西有小橋潛渠入田東岸突出尖埠跨潭之中花樹森立三面臨水重陽宴爲龍舟戲設坐於此埠之上

先設木閣於埠上結綵數重氈席四周王揖客坐定龍舟三式與福州所見畧同梭長三丈餘槳二十八

人皆一色衣一紅一白一黑每舟中央設鼓綵衣小
童擊以爲節前後二綵衣童執五色長旗船首一人
擊鑼與鼓相應齊唱龍舟太平詞以歌
聖德及遠永享治平海國蒙恩竭忠仰報之意問其詞
大畧與前使所錄同左右旋繞四岸士女匝觀者數
百人龍舟戲畢國王先辭客回府第仍開宴于北宫
演劇六折畧記如後
第一爲老人祝
聖事老夫婦二人率子孫五六人登塲跪國語致詞曰

當今
聖天子德高堯舜道邁湯文八埏昭日月之輝一統著
車書之盛國王夙沐
聖恩新受
冊封天使賁臨舉國歡忭小臣老夫婦生長本國年一
百二十歲皆康健子孫三百三十餘人多有登仕籍
爲官者舉家蒙福子孫內有能歌唱彩舞者幸領獻
壽老夫婦再拜先舞其歌詞曰王德如海民之父母
受封於天帶礪永固舞罷群綵衣童隊隊相續一團

扇曲六童舞　一掌節曲三童舞　一笠舞曲四童舞　一籃花曲三童舞　以上皆名太平歌

第二爲鶴龜二兒復父仇古事中城按司毛國鼎忠勇爲國時勝連按司阿公少爲郡馬驕貴蓄異志忌中城讒之於王誣以反王令阿公率師族滅之毛公自刺死二子一名鶴年十三次名龜方十二既俊秀父居常以寶劍二教之擊刺事時隨母在外家山南查國吉所聞變泣請於母欲以間殺阿公復父仇求寶劍各佩之步肄勝連伺阿公春遊卽懷劍而前阿

公喜且醉解衣帶分賜二童攜一劍并賜鶴鶴乘其
醉拔劍刺之大呼曰我毛公子今殺汝爲我父復仇
阿公驚起頭隨劍落矣群從皆醉盡爲二童所殺云
第三爲鐘魔事中城縣姑塲村農家陶姓有兒名松
壽年十五歲白皙端麗至首里從師一日行至浦添
山徑中向昏黑持一竹竿點地行見燈求宿乃一獵
家父出夜獵止一女年十六頗妖麗留宿挑之松壽
坐牕不許強擁之松壽拂衣起女羞且怒持獵具欲
殺松壽松壽走女逐之山曲有萬壽寺主持僧普德

頗有行松壽奔入號救四顧無隱處僧伏之大鐘內令三徒守鐘旁女至三僧戲嬲逐之女不得松壽仰哭如癲出門去僧啓鐘有聲女還奔入方欲爲惡忽披髮改形入鐘內普德與諸僧繞鐘咒之女自鐘倒垂首出見鬼面手一叉下擊諸僧僧咒不已寺外大雷電女化魔走出不知所在　二事皆百年前國中事

第四折爲天孫太平歌共五十餘人先有一披髮頭陀執白木桿引五色衣小童花抹額各色蕉比甲腰

中各挿菊花一枝金輪轉竿一枝共十九人上塲左旋作一圍立爲第一層次有各色紅綠雜衣郎二十人上塲右旋作第二層立次有彩衣小童二執小點鼓雜衣郎二人執銅點八人執腰鼓上塲左旋作第三層立次有彩衣小童四人三人執紙帚一行中立每唱此四小童引調唱第一句起下雜衣郎和之小童後二層立樂工二十人居中外三層左右交轉外一層小童第一轉五色扇舞爲節第二轉金交桿爲節第三轉舞菊爲節第四轉舞輪竿爲節畢轉入第

二層雜衣郎轉出外一層手舞頓足回旋爲節四五
番以次旋轉而下爲第四宴
餞別宴爲第五宴儀禮如前又增國中故事一二齣
爲樂
拜辭宴爲第六宴儀禮增戲樂如前宴畢國王送客
出府至守禮坊外更設小座於世子第中手奉三爵
爲別
望舟宴爲第七宴國王至天使館設宴禮如前儀面
致金扇一握爲別臣等宴禮既畢涓吉登封舟候風

歸朝復
命中山王尚敬遣陪臣法司王舅紫金大夫等齎表謝
恩并貢物自附常年貢船一號隨封舟同發

中山王謝恩表

琉球國中山王臣尚敬誠懽誠忭稽首頓首謹奉
表上言伏以
聖武弘昭特重内屛之任
皇文丕振復膺外翰之權
隆體統於藩臣安内而兼攘外

煥規模於舊制緯武卽是經文拜
命增虔撫躬益厲恭惟
皇帝陛下
道隆堯舜
德邁湯文
統六合而垂衣敎仁必先敎孝
開九重以典禮作君又兼作師臣敬世守藩疆代供
貢職荷
龍章之遠錫鮫島生輝沭

鳳詔之追揚丹楹增色對
天使而九叩望
象闕以三呼謹遣陪臣向龍翼程順則等虔齎土物聊
表芹私伏願
乾行不息
澤沛彌崇
統王會以開圖合車書者千八百國
占天時而應律驗禎祥於三十六風將見文麟獻瑞彩
鳳來儀矣臣敬無任瞻

天仰
聖激切屏營之至謹奉
表稱
謝以
聞
康熙五十八年十一月　日琉球國中山王臣尚敬
謹上表
又疏
琉球國中山王臣尚敬謹奏爲恭謝

天恩事臣敬彈丸小國僻處海隅深沐
皇恩允臣嗣封康熙五十八年蒙
欽差正使翰林院檢討海寶副使翰林院編修徐葆光
等齎捧
詔勅幣帛隨帶員役坐駕海船貳隻於本年六月初一
日按臨敝國臣依舊例令通國百官臣庶奉迎
詔勅安於天使館中揀吉於六月二十六日先蒙
諭祭臣曾祖琉球國中山王尚貞復蒙
諭祭臣父琉球國王尚益續於七月二十六日宣讀

詔勅封　臣　敬爲中山王荷蒙
欽賜蟒緞等項並妃綵緞等物　臣　敬率領百官拜舞叩
頭謝
恩外隨請於
天使懇留
詔勅爲傳國之寶蒙
天使查驗前封卷軸依聽許留付臣一併珍藏竊惟
聖朝加意撫柔有同覆載　臣　敬等曷勝感激爲此特遣
陪臣法司王舅向龍翼紫金大夫程順則使者楊天

祐通事蔡文河副通事鄭元良蔡墉等齎捧

表章土儀赴

京恭謝

天恩仰冀

睿慈俯鑒下悃臣敬無任激切屏營之至謹上

奏以

聞

貢物

金鶴二銀座全　盔甲一副護手護臁全　金靶鞘腰刀二

銀靶鞘腰刀二　黑漆靶鞘鍍金銅結束腰刀二十　黑漆靶鞘鍍金銅結束鎗十　黑漆靶鞘鍍金銅結束衮刀十　黑漆洒金馬鞍一轡鐙全　金彩畫圍屏四　扇五百　土綿二百　紋蕉布二百　土苧布一百　白鋼錫五百觔　紅銅五百觔

金鶴以下乃其謝封貢物舊例有胡椒今缺以白鋼錫代之其常年貢物止于白錫觔一千紅銅觔六千硫磺觔二萬　三項皆納福州藩庫貢使賫表至京前明于福州特設市舶提舉一員專理琉球貢事以

內官領之　本朝省并其事于海防同知今貢使

猶稱之曰提舉云

又請存舊禮以勞使臣疏

琉球國中山王臣尚敬謹

奏爲須封事竣懇存舊禮以勞使臣事康熙五十八

年蒙

欽差正使翰林院檢討海寶副使翰林院編修徐葆光

恭奉

詔勅幣帛于本年六月初一日按臨敝國二十六日先

蒙
諭祭臣曾祖琉球國中山王尚貞復蒙
諭祭臣父琉球國王尚益續于七月二十六日宣讀
詔勅封臣敬爲中山王荷授
欽賜蟒緞等項並妃綵緞等物此誠
天朝之殊恩而臣敬永代之榮光也竊惟
皇上覆載無外
覃恩於弱小之邦使臣衝風破浪艱險驚虞莫此爲甚
使臣入國以來撫綏海邦約束兵役舉國臣民無不

感仰惟臣敬所深愧者臣國邊海荒野無以將敬故
於宴款之際代物以金雖自知乎菲薄實是緣以爲
例乃辱使臣屢辭往還再三堅持大義固却不受在
使臣氷兢自矢允矣有恥不辱爲
聖朝使節之光矣但念使臣間關勞瘁遠涉萬里風濤
實爲臣躬之故藉物表敬禮不將儀心竊難安至臨
行時復將屢宴前金特差法司大夫長史等官專送
懇受使臣復遣送還清白之操可謂始終靡間獨是
微臣酬德報功莫展萬一殊慚舊禮有闕寸志莫伸

謹將送還慶弔宴金四封共計一百九十二兩具本
附遣陪臣法司王舅向龍翼紫金大夫程順則等齎
進懇乞
欽賜使臣收受不勝惶恐激切之至謹上
奏以
聞
禮部謹　題爲
頒封大典已竣懇存舊例以勞使臣事該臣等議得琉
球國王尚敬奏稱

欽差正使翰林院檢討海寶副使翰林院編修徐葆光
等按臨敝國封臣敬爲王宴欵之際代物以金使臣
屢辭往還再三堅持大義固卻不受但微臣酬德報
功莫展萬一謹將宴金二封共計一百九十二兩具
本附陪臣法司王舅向龍翼等進呈懇乞
勅賜收受等語查康熙二十三年使臣翰林院檢討汪
楫等
冊封琉球國王所與宴金伊等未受該國王奏請臣部
議覆仍不准其收受具題奉

旨這琉球國所與宴金仍着使臣收受欽遵在案今該
國王尚敬雖稱謹將宴金具本附陪臣等進呈懇乞
勑賜收受等語但海寳徐葆光等仰體
皇上特簡至意既未經收受應將該國王所請收受之
處毋庸議九月初一日奉
旨宴金仍着使臣照舊例收受
臣葆光按前明使臣却金不受始於陳侃世宗仍
命侃等收受嗣後例辭亦有准辭令貢使帶回者
本朝康熙二年癸卯二十二年癸亥及今三役皆蒙

恩仍着收受所以獎厲使臣者至矣癸亥之役琉球國
王疏引張學禮伏還原職舊例爲汪楫林麟焻等
題請議敘優升是時海氛雖靖海禁猶嚴行役艱
險議敘爲宜今則昇平日久中外一家加以海靈
效順履險如夷區區往來臣子常分何勞可言虛
詞求敘實不敢踵爲故事也

中山傳信錄卷第二